貝瑪林巴之生平與伏藏教法

偉大的不丹傳奇・五大伏藏王之一

The Life and Revelations of Pema Lingpa

蓮花生大士／著
貝瑪林巴／取藏
莎拉・哈定Sarah Harding／英譯
普賢法譯小組／中譯

目次

དཔལ་སྒང་སྟེང་རིག་གཞུང་བཤད་གྲྭ།
མདོ་སྔགས་ཐོས་བསམ་རབ་རྒྱས་གླིང་།
གསང་ཆེན་རྙིང་མའི་རིང་ལུགས་འཛིན་པ།

RIGZHUNG SHEDRA
DONGAG-THOESAM-RABGAY-
LING NYINGMAPA INSTITUTE

GANGTENG TRULKU RINPOCHEY

前言

本書對佛教及蓮師的教法做了相當重要的介紹，尤其收錄了偉大不丹上師貝瑪．林巴所取出的伏藏選集，並將重點放在其歷史淵源和蓮師與蓮花明（貝瑪薩 Pemasal）公主之間的對話——就是在這對話之中，蓮師給予了關於公主來世的一連串授記，最終則是貝瑪．林巴的誕生。對於任何有志學習佛法的人，以及貝瑪．林巴傳承的修持者，本書都能有所饒益。

對於今日的女性佛法修行者，這些（上師）和女弟子間的對話，將能提供啓發和激勵。或有人認爲，就淨化自心和獲得證悟而言，女性並無同等的機會或能力，然而這些節錄的教法將會顯示：修道的進展乃取決於修行者的信心與精進，完全不會因爲是男或是女而有任何的差異。

由於《寶海上師》包含了對修道的重要教授，且這些教法與蓮師有關，並能爲往後的修行提供基礎，因此我首先選擇了《寶海上師》進行翻譯。在

GANGTENG GOENPA, P.O. PHOBJIKHA, WANGDUEPHODRANG BHUTAN

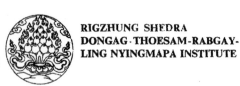

དཔལ་སྒང་སྟེང་རིག་གཞུང་བཤད་གྲྭ།
མདོ་སྔགས་ཐོས་བསམ་རབ་རྒྱས་གླིང་།
གསང་ཆེན་སྙིང་མའི་རིང་ལུགས་འཛིན་པ།

RIGZHUNG SHEDRA
DONGAG-THOESAM-RABGAY-
LING NYINGMAPA INSTITUTE

GANGTENG TRULKU RINPOCHEY

貝瑪・林巴傳承中，《寶海上師》成就法與大圓滿成就法、大悲（觀音）成就法一起，都屬於最重要的教法。由於上師的加持極爲重要，因此我們都需要先研讀並修持《寶海上師》。

爲了翻譯《寶海上師》的選錄篇章，我邀請卡盧仁波切的弟子莎拉・哈定來訪不丹一年。翻譯佛法很不容易，特別是金剛乘的內容，更是如此。若是沒有實修金剛乘，就難以翻譯得當。之所以特別邀請莎拉・哈定來翻譯，乃是因爲她在三年閉關期間，完成了大量的金剛乘修行。

爲了讓世人共享不丹的貝瑪・林巴傳統，不丹國王吉美・森給・旺秋陛下開許了此項計劃。將此傳承的歷史和教法翻譯成英文，能獲益的對象並非只有西方人，還包括了不丹人和其他經常使用英語的人；由於貝瑪・林巴是如此深入於不丹文化之中，本書也是保存不丹人民文化傳承的一種方式。

願這些深奧的佛法教導能爲地球的和平安樂帶來貢獻。

崗頂祖古仁波切

GANGTENG GOENPA, P.O. PHOBJIKHA, WANGDUEPHODRANG BHUTAN

英譯者序言

莎拉・哈定

鄔金・貝瑪・林巴是第十五世紀生活於不丹的佛教聖者。在盛行於喜馬拉雅山區的金剛乘傳承史中，他深受尊崇，尤其是在不丹這個小王國，他因身爲平民英雄和修道大師而廣受愛戴，是不丹這個國家的驕傲和激勵的來源。在他展現神通的無數聖地，仍然廣傳著許多相關的故事。在不丹全國各地的學校戲劇和寺院公開活動中，關於他不凡生平的劇情經常一再上演。透過他當今的轉世——例如崗頂祖古仁波切，貝瑪・林巴的教法和修持仍然保存完好。這個目前依然活躍的傳統，爲我們連接起深奧的修行根源，也就是蓮花生大士來到不丹和西藏調伏狂野勢力的時代，並帶來佛陀教法撫慰人心的智慧，留下足以長久延續的精神遺產。

據說偉大的蓮師曾經三次造訪不丹，在全國各地遍傳法教，至今大家仍能感受到他所賜予的加持。特別是這些能令修道成熟的教法，很多都被封藏在不丹、西藏等極具力量的地點，爲了未來有情眾生的最大利益，而待於最佳的時間被取出。貝瑪・林巴就是被授命要取出許多這類伏藏的大師。

伏藏來自過去的授記，卻有益於後世的修行

伏藏①據說是源自第八世紀的蓮花生大士。儘管在印度早期佛教傳說中肯定有先例，含有修道指示的聖物或文卷，被隱藏在岩洞或石崖裡，有時則是將教法的要義直接封藏於特定弟子的心續中。這些教法被發現的地點和情況，會以預言的方式記錄在據信是蓮花生大士所言的古文中。被預言或授記將取出特定伏藏的人，稱作「德童」，即「伏藏師」。這類特別的佛教聖者，有著很多的著作，西藏文典有相當多的部份，便是由他們的著作所構成。

伏藏是屬於寧瑪派的特別領域，儘管並非是寧瑪派獨有。就伏藏傳統的整體而言，它不僅維繫了與古代教法的重要連結，也同時確保這些教法的生氣盎然且因應當代。在這層意義上，

編按：內文的註號●為中譯註；○為英譯註。

① 對於伏藏傳統的詳盡討論，可以參閱珍奈特．嘉措（Janet Gyatso）的《*Apparitions of the Self: The Secret Autobiographies of a Tibetan Visionary*》（自我的幻象：一位西藏卓見者的秘密自傳，尚無中譯版）（Princeton: Princeton University Press, 1998），以及東杜祖古的《*Hidden Teachings of Tibet: An Explanation of the Terma Tradition of the Nyingma School of Buddhism*》（Boston: Wisdom Publications, 1986）（中譯版：《舊譯寧瑪派伏藏教法源流》，丹增卓津譯，妙音佛學叢書，盤逸有限公司二○○八年出版）。

伏藏尤其具持了佛教的精神，這是佛陀在兩千五百年前所說出的古老智慧，卻又持續符合後世所需，並且極為切實可行。

在一百位主要伏藏師和一千位次要伏藏師之中，貝瑪．林巴被認為是五位伏藏王②中的第四位。他在不丹各地和其今日邊境的北方取出了諸多伏藏，但他主要的活動集中在苯塘以及出生地：棠谷。他的生活可說是在各方各面都反映出伏藏師的特質：年幼時期便開始顯現出淨相和啓悟，這令他步上辛勤的伏藏師之途。雖然，總是有一大群圍觀者見證他取出伏藏的過程，但他還是免不了要遭到惡意的批評，以及與功德主之間常有的問題。然而，如今看來，以不丹本地和金剛乘傳統的整體而言，他的家族和修行傳承都一直有著相當的地位。貝瑪．林巴傳承是當今仍然延續並受到修持的主流伏藏傳承之一。

本書所翻譯的篇章，除了《信心之花》的傳記部份以外，都選自貝瑪．林巴所取出的一部伏藏集。這部稱作《寶海上師》的伏藏是貝瑪．林巴年近五十歲時，在西藏南部洛札地區的曼多崖（藥石崖）所取出。關於它的起源，故事要回溯到蓮花生大士的生平，而這構成了本書的最後一章《寶鬘》。另外四篇則是由崗頂祖古仁波切所挑選，作為第一部譯書的文集。這四篇都是「問答」的型式，正如字面所言的問題和答覆，是不同行者和蓮花生大士之間的問答，或是行者和某個親近蓮花生大士的弟子之間的問答。

這些問答所傳遞的不只是哲理和修行，還包括了相關人物和他們彼此之間的關係。在金剛乘佛教的修行中，上師和弟子間的關係是至為重要的。修行道途的眞正核心，就是在這關係中所創造的秘密、神聖空間內作傳授。身為讀者的我們，於這些問答中，得以親自窺探此一氛圍，並從這些數世紀以前所給予的回答中大獲啓益，這些或能為我們至今仍欲請益的問題加以解惑。

女性修行者與蓮師的問答：面對逆境，做出改變

在這些對話中，有三篇都是與女性的問答，她們是蓮花生大士當時的傑出修行者。這些對話提供了一扇窗，讓我們能夠窺見在蓮花生大士和貝瑪．林巴那個時代，作為女性的地位和心

②五位伏藏師之王乃是赤松德贊王的化身，分別為：娘．讓．尼瑪．沃瑟（1136—1192），咕汝．確旺或咕汝．確吉．旺秋（1212—1270），多傑．林巴（1346—1405），貝瑪．林巴（1450—1521），以及多昂．林巴（即蔣揚．欽哲．旺波；1820—1892）。咕汝．確旺和多傑．林巴也曾在不丹取出重要的伏藏。

態，饒富意趣。絕大多數被取出的伏藏，都需要從空行密文③「解譯」爲取藏當時的用語，因此在實際語言、甚至可能在觀點方面，伏藏師與古老原文都扮演了不相上下的角色。於此，喜馬拉雅山區婦女的相對社會地位，即使相隔了七百年，可能也沒有太多差異。

雖然在這些敘事中，女性所使用的自貶言詞，必然是由於強勢主導的男性文化所造成，然而極爲不幸的是，女性往往也較易將這些態度內化成自尊低下的性格。在這些記述中，女性請求蓮花生大士對她們悲慘的性別待遇提供解決之道。甚至是那些出身王室、擁有財富和上等修行根器的女性，依然哀嘆著自己的卑下地位，必須服侍男性，並且缺乏修行聖法所必需的特質。

蓮花生大士看似同意她們的想法，然，超越時間的智慧聲音告訴她們，確實有必要克服此等遭受迫害的狀況。但那並非如同我們現在或許會希求的，不是藉由矯正、改善這個情況，而是要完全的捨棄它。

蓮花生大士，如同在他之前一千多年的釋迦牟尼佛一樣，建議採行極爲另類的瑜伽士生活方式：居無定所、毫無所執、虔信投入於修道，只與護持修道的人爲伴。我們會看見，這些女子面對所有的逆境，努力掙扎，就爲了做出這樣的改變。她們不僅是遇到實際的困境，心態上的轉變也非易事。然而，她們每一位都以自己的方式，學到如何充分利用珍貴的人身，並且臻得究竟的了悟。

不丹：貝瑪．林巴傳承的起源、保存與開展

由於崗頂祖古仁波切的仁慈資助和不丹國王與王室政府的恩德，我在旅居不丹的一年期間之中，完成了這些選文的翻譯。不丹是當今世上唯一將金剛乘佛教奉為國教的獨立國家，金剛乘佛教在此受到政府和百姓的共同護持。能在翻譯這些教法的同時，於這些教法所源之處居住和呼吸，這對我來說，具有難以言述的重大意義。對於這一點，我是逐漸體認，一直到最後，甚至成為一種顯著的感覺。

---

③空行密文是凡人無法解譯的書寫符號，只有獲得授命的伏藏師或是伏藏本身的主人才能解讀。空行密文與稱作「空行母付託封印傳承」的特定傳承相關。參見敦珠仁波切的《*The Nyingma School of Tibetan Buddhism*》（Boston: Wisdom Publications, 1991）（中譯版：《寧瑪教史》）1:745。本書所翻譯的所有伏藏教法，全都有幾句這類的密文於教文之中。（中譯註：貝瑪．林巴經常留下一些尚未解譯的空行符號，穿插在他的伏藏教文中。）

與伏藏師本人一般，看見同樣的山岳，造訪同樣的寺廟城鎮，沉浸在基本上同樣的文化之中，如此種種，都為這些記述帶來了生命。不丹是一個充滿聖地和傳說的國家，這些聖地和傳說，於今所受到珍視程度與過去毫無差別。能夠和崗頂祖古仁波切：貝瑪．林巴傳承的真實表率和傳承持有人，親近地一同工作，更是一項殊榮。

第一世崗頂祖古是貝瑪．林巴的孫子，他在祖父所預言之處，建造了位於普吉喀谷的一座寺廟。十六世紀的時候，這座寺廟被擴建成今日的規模，目前是第九世崗頂祖古，或說是（貝瑪．林巴）身化身的法座所在地。連同語化身的宋都仁波切❶和意化身的圖瑟仁波切，他們一起負責二十多所私人的寺廟和佛學院。由於他和當代其他偉大上師的共同努力，包括貝瑪．林巴傳承在內的寧瑪傳承，才得以繁榮興盛。

除了尊貴的崗頂祖古仁波切所提供的專門指導外，法蘭克．葉先生所給予的支持，還有其他幾位人士，都是讓本書得以完工的關鍵功臣。我想要藉此機會在這裡向他們表達謝意。特別委員會的秘書達秀．桑傑．旺秋從他極為繁忙的行程中抽空檢閱了部份譯文。貝瑪．林巴生平故事④的另一位譯者克里斯．巴特斯（Chris Butters）則提供了許多極佳的建議。克里斯和他的家人，都讓我身處於不丹的時間相當愉快。在不丹撰寫自身當地生活的傑米．惹巴⑤，於英語編輯方面，提供了創意、文學技能等諸多智慧，以及她的友情。而我親愛的朋友珊蒂・沈，在我離開不丹很久之後，仍然忠實地留守該處，協助整個計劃的進行。

總而言之，能有機會認識這些人士和廷布的其他友人，分享此處的美麗和傳統，並在這隱蔽的王國進行翻譯工作和修行佛法，是一件至爲吉祥的事情。我希望自己藉由這項工作所得到的利益，也能夠被轉譯成對他人的利益。或許伏藏教法的譯文也會在最合適的時間點出現！

最後，也是最重要的，感謝我的孩子霞娜和山姆，他們不但要容忍完全離開一切，被拖往地球另一端的未知地點、被拋入另一個世紀之中，甚至還對此欣然處之。雖然，他們是在我

---

❶音譯為「松珠」或「松祖」（sung語，trul即tulku轉世，音「珠古」或「祖古」）會比較接近原意，不過目前常見的翻譯則是拉隆宋都仁波切。

④貝瑪・策旺洛本所撰，克里斯・巴特斯翻譯，收錄在《*The Treasure Revealer of Bhutan: Pemalingpa, the Terma Tradition and Its Critics, Bibliotheca Himalayica*》（不丹的伏藏師：貝瑪・林巴、伏藏傳統及相關評論，尚無中譯版），ser. 3, vol. 8（Kathmandu, Nepal: EMR Publishing House, 1995）。

⑤傑米・蕊巴，《*Beyond the Sky and the Earth: A Journey into Bhutan*》（New York: Riverhead Books，1999）。（中譯版：《超越天與地》，陳玲瓏譯，馬可孛羅出版，二〇〇七。）

根本上師怙主卡盧仁波切的慈悲光芒中出生、成長，但對他們而言，要適應各種事情的進行方式，並不總是那麼容易，尤其那些通常都算不上「正常」，但他們還是能良好調適。而在山姆稱作「最偉大的冒險」的那段期間，他們有著美麗的成長。願他們長壽並擁有豐富的生命。

導言：不丹聖者——伏藏王貝瑪・林巴

荷莉・蓋利①

貝瑪・林巴是不丹最重要的上師，也是唯一能完全體現不丹這個國家的上師。他在此土生土長，無論是傳承、家庭、種族完完全全都是不丹的。他在不丹這裡取出伏藏，也在這裡親見蓮花生大士和耶喜・措嘉。他在不丹進行所有的學習和修行；未曾到印度或西藏學習，而是就留在這裡。他所有的利生事業，都在不丹這裡進行。所以，他眞的是不丹的精華縮影，更是不丹人的偉大楷模，他的事業活動全都在此境內開展，以致影響巨大。這裡有很多其他的佛教傳統，包括噶舉、薩迦、格魯，但那些全都是來自西藏的影響。

——崗頂祖古②

①感謝史坦利・湯比雅（Stanley Tambiah）和珍奈特・嘉措（Janet Gyatso）對此導言的初稿作閱讀和評論。特別感謝崗頂祖古和莎拉・哈定邀請我到不丹，讓我參與這項計劃。

②個人訪談，苯塘，二〇〇一年五月三十日。莎拉・哈定譯。

佛教聖者貝瑪・林巴（西元一四五〇年至一五二一年）所留傳下來的遺產，對於不丹的宗教生活與國家認同而言，其影響是不容忽略的。他不僅是建立了至今依然興盛的寺廟以及三個轉世傳承，還引介了數量龐大的著作，其中所包含的法會儀軌修持，仍廣泛留傳於西藏和喜馬拉雅地區，持續作爲數千位佛教徒宗教生活的主要基石。此外，貝瑪・林巴所促成的地域身份認同，對於十七世紀的不丹統一，扮演了重要的角色。而他所創作的金剛舞（藏文「羌姆」），仍然在國家慶典和儀式中具有核心地位。他的後人獲得了崇高的宗教地位，並且在霞仲・拿旺・南嘉（西元一五九一年至一六五一年）建立不丹王國之後，對政治方面的影響力也逐漸增長。當今的王室家族就是貝瑪・林巴的後裔之一。

如我們將會看到的，一位聖者的超凡魅力[3]能爲一個地區的宗教生活和世俗生活帶來深遠的影響。以西藏和喜馬拉雅山區的情況來說，人們認爲佛教聖者具有能夠降伏地方惡魔、醫治病患、調解糾紛、避免戰爭的精神力量。此外，透過密續灌頂法會和寺廟建築運作而延續不息的宗教機構，便意味著在很多上師和直傳弟子、富有的功德主、地方的社群間，有著持續不斷的互動。

貝瑪・林巴是一位極具領袖魅力的人物，在世的時候，就已經是聲名廣布。在那個年代，對功德主和弟子而言，貝瑪・林巴可說是最重要的政治兼宗教人物之一。大家公認他所取出的伏藏，至今仍爲不丹這片土地帶來加持；而他所建立的機構和儀式，也儼然成爲宗教認同和宗教信仰的焦點。此外，貝瑪．林巴的遺教還幫助不丹成爲了一個獨立國家，至今仍然是喜馬拉雅山區唯一的佛教國家。

身為佛教聖者的伏藏大師

貝瑪．林巴的影響力之所以如此巨大，主要是因爲他伏藏師的身份。「德童」或伏藏師，是佛教聖眾的一種獨特類別④，因爲其中含有授記的面向，伏藏師被視作蓮花生大士所「預先

③關於「領袖魅力」一詞，參見 Max Weber 1978，特別是 vol. 1: 241—54，以及 Edward Shils 1975: 127—275。關於對佛教聖人魅力的探討，請參見 Stanley Tambiah 1984: 321—47 和 Reginald Ray 1994: 23—31, 421—23。

④到目前為止，學者認為佛教聖衆的分類包括：阿羅漢、菩薩、大成就者（瑪哈悉達；梵文 mahasiddha）。這份導言第一次嘗試把伏藏師定義為佛教聖衆的類別之一。關於之前對佛教聖衆的討論，參見 Tambiah 1984 和 1987, Ray 1994, Bond 1984, Lopez 1984, Robinson 1979 和 1996。透過比較學來觀看聖者的精彩選集，可參見：Haeley 1987, Kiechefer 與 Bond 1984, Stephen Wilson 1983。很重要的是，要注意，伏藏師並不只是出現在西藏和喜馬拉雅山區的獨特佛教現象，雖然這份導言是以探討伏藏師作為佛教聖衆的類別之一為主軸。關於對苯教伏藏師的探討，可參見 Karmay 1972, Kvaerne 1974, Gyatso 1992 和 1996, Kapstein 2000。

指派的使者」⑤。蓮花生大士是八世紀的一位上師，正是他將西藏和喜馬拉雅山區轉變成佛教地區⑥。在從十一世紀開始出現的傳記和預言中，蓮花生大士被描繪成第二佛，他廣傳佛法，並且指派特定人士在未來諍鬥時期取出他的教法⑦。伏藏師的眞實性取決於源自蓮花生的特定授記，而每一位伏藏師都被認爲是蓮花生大士的某一位親傳弟子。在佛教聖眾的各種分類當中，伏藏師自己實踐了依據授記取出教法的角色，他們被視爲蓮花生大士傳遞教諭和加持未來世代的直接管道。

伏藏師，藉由他們自己與過去的連繫，能夠引介新的法會形式和儀軌修法。他們所著述的文典儀軌，被認爲能特別針對特定時代和特定地點的需要，但同時也代表了古代智識的寶庫。伏藏師的行爲有如創新家，基於他們所傳授的成就法，創立新的傳承和宗教團體。而他們的正統性又是根源於與過去的連繫⑧。對取藏過程的敘述將伏藏師本人的時代和過去連結在一起，也將他們的時代與超越時間的諸佛境界連結在一起。因此，伏藏師所取出的伏藏被尊奉爲對往昔的復興，並表達出一種超越時間的智慧。

根據傳統，蓮花生大士的教法和加持是透過伏藏而傳達。在這種看法中，伏藏是來自蓮花生大士時代的文字著作，後來以濃縮的形式取出。若是從伏藏師的心意中取出，稱作「意伏

⑤「預先指派的使者」（predetermined emissary）這一詞是從珍奈特・嘉措（1998: 147）那裡所借用。

⑥關於寧瑪傳統中所描述的蓮師行持，有多少是歷史，有多少是傳說，馬修・凱普斯坦在《*The Tibetan Assimilation of Buddhism: Conversion, Contestation, and Memory*》（2000）（佛教在西藏的融入：轉化、爭論與回憶，尚無中譯版）中有所探討。

⑦關於蓮花生大士的傳記列表和分析，參見 Anne-Marie Blondeau 1980。

⑧韋伯（Weber）認為領袖魅力（charisma）具有創新能力，他說「領袖魅力就是偉大的革新力量」。（參見 Weber 1978: 241, 245）。愛德華・希爾斯（Edward Shils）對具有領袖魅力的個人，其所作的定義也同樣強調創新能力。希爾斯將創新能力與「遙遠時間或超越時間的起源」作連結的系統性陳述方式，尤其與伏藏師的狀況具有很高的相關性。他說：「具有領袖魅力的人是一個新秩序的創造者，也是對既有秩序的破壞者。因為領袖魅力的構成，是基於相信其所有者能夠與宇宙中或社會中最有生命力、最有力量、最有權威的某物做有效溝通，於是那些被視為具有領袖魅力的人就成為有權威的人……〔和其他形式的權威〕相較之下，擁有領袖魅力者和追隨其領袖權威的信徒，比較會認為他們規範的正當性是由遙遠時間或超越時間的一個來源所賦予的。」（1975: 129）如同我們將會看到的，伏藏師建立起和自己相關的新儀式和新的宗教團體，這是基於一個遙遠的時間——第八世紀——以及超越時間的本初佛淨土。然而，與希爾斯所提出的不同的是，對於取藏過程而言，至關重要的是，過去和現在經由一個地點而連結起來。所以，雖然本初佛在非暫時性的維度中並沒有一個特定地點，但是取藏過程卻明確主張，蓮花生大士的過去活動正是發生在取藏地點的所在處。

藏」；若是從實體環境中取出，則稱作「地伏藏」[9]。大多數伏藏都屬於後面這個類別，而貝瑪·林巴的伏藏全都被視爲是「地伏藏」。就此而言，伏藏指的是某一類經典，被那些舊派或寧瑪派的人視作眞正的蓮師教法——乃是爲了後代利益而隱藏在地裡、岩石裡、水裡……或其他地方[10]。

地伏藏的取出會固定在某個特定地點發生，是一個在過程中受到神聖化、淨化的地點。在伏藏師慈納·林巴（西元一四〇三年至一四七九年）的伏藏文中，有一則偈頌便表達出伏藏和喜馬拉雅山區地理景觀與蓮花生大士加持之間的關係：

每一處重要的山谷都有一個重要的伏藏，
這些是來自鄔金者（蓮花生）的授記或預言。
每一處小地方都有一個次要的伏藏，
這些也是來自鄔金者（蓮花生）的授記或預言。[11]

一般認爲，蓮花生大士的種種舉動對這片土地賜予了加持。在這則偈頌中，這樣的加持被描述成與西藏、喜馬拉雅山區的地理景觀共存。伏藏的取出是發生在某個地理景觀，而該處則已被刻印於錯綜複雜的意義中，其中尚包括了居住在此處的一眾神祇。然而，透過在某特定地點將現在和過去連接起來，於是每一次取藏都會產生出新的意義。伏藏被當作是蓮花生所作善行的記號，在特定的時間和地點被引介給眾人。

依照伏藏傳統，其起源是來自西元八世紀西藏國王赤松德贊的統治時期，據說蓮花生大士

⑨此外，作為寶藏而取出的聖物被視為蓮花生大士的舍利，於是它們也被稱作伏藏。此類伏藏通常包括佛像和儀式中所使用的法器。貝瑪．林巴伏藏中的聖物被收藏在崗頂寺，也就是當今不丹貝林傳承的主要法座所在地。二〇〇二年九月，由於崗頂寺在整修，曾對這些伏藏進行短暫的展覽。

⑩並非所有的伏藏都來自於蓮花生大士，西藏的苯教也有他們自己的伏藏傳統，這個傳統可以追溯至他們的創始人辛饒（Shenrab）。在寧瑪派本身中，蓮花生大士和耶喜．措嘉是與伏藏傳統有關的主要人物，他們被認為是為了後世利益而將大量伏藏封藏起來，故而受人崇敬。然而，在《大寶伏藏》（*Rinchen Terdzö*）中，蔣貢．康楚也列出了其他人士：無垢友、毗盧遮那，以及數位蓮花生大士的弟子，例如努．桑傑．耶喜、南開．寧波、納南．多傑．敦炯等。從十二世紀開始，蓮花生大士逐漸成為伏藏學說中居於主導地位的代表人物。關於對這些論點的探討，請參閱嘉措 1996: 150, 162。

⑪引自琴恩．史密斯 2001: 240。

就是在那時造訪了西藏、不丹、尼泊爾、錫金。當時正是西藏帝國的巓峰時期，其領土佔據著廣大面積的中亞，並吸引著來自波斯、漢地、印度……等世界各大文明的訪客[12]。依據當地的歷史，赤松德贊是爲了降伏魔障，以建造西藏的第一所寺廟：桑耶寺，於是邀請蓮花生大士入藏。在這些記述中，蓮花生大士藉由降伏當地神祇，而象徵性地將西藏和喜馬拉雅地區轉變成爲佛教地區。而轉信佛教的這些神祇，便成爲佛陀教法的保護者，尤其是會對伏藏傳承予以守護。在這段期間，據說蓮花生大士聚集了一個由二十五位弟子組成的團體，其中包括國王本人。他所授予這些弟子的秘密教授和密續灌頂，便成爲伏藏傳統的來源，也是確立伏藏正統性的基礎。直到今日，仍是如此。

早在十一世紀就已經開始有伏藏的取出，並且曾有數位最爲出名的伏藏師，花了相當多的時間在今日的不丹地區。當時不丹地區被稱作芒境或是門地[13]。咕汝・確旺（西元一二一二年至一二七〇年）、龍欽・饒絳（西元一三〇八年至一三六四年）、多傑・林巴（西元一三四六年至一四〇五年）都曾花了相當多的時間在芒境，並且留下了後代。這三者當中，多傑・林巴在這個地區的取藏尤爲活躍[14]。到了貝瑪・林巴的時代，伏藏在喜馬拉雅山區已經成爲一個非常明確的現象。

十九世紀學者蔣貢・康楚的兩部文集指出了伏藏現象的廣度。第一部是彙整了一百多位伏藏師簡傳的結集⑮。在這些伏藏師中，有五位被特別列爲「伏藏王」，貝瑪・林巴也包括在內⑯。第二部文集是康楚對伏藏的九十一函選集：《大寶伏藏》，其中收錄了超過兩千五百篇教文。⑰而其所代表的，是由此宗教運動所產生之大量豐富文獻中的取樣。

伏藏傳統是一種普遍存在於喜馬拉雅山區的現象，其中，某位伏藏師和某些特定地點是具有連結的。在非常多的伏藏師名號後面，都會附上「林巴」兩字，其字面意義是「土地」或「島、洲」，這指出了人、地之間的關聯。寧瑪的傳承經常會透過家族相傳，伏藏師往往會結

---

⑫關於西藏在帝國巔峰時期的都會狀態，參見卡普斯坦 2000，特別是 58—65。

⑬對於不丹門地人們的討論，參見彭瑪瑞特 1994 和 1999。多傑一九九七提供了對不丹各種名稱的系統化研究。

⑭關於這些伏藏師的簡傳敘述，參見敦珠仁波切 1991。Karmay 2000 討論了多傑・林巴在當今不丹地區的伏藏活動。

⑮康楚的文集被題名為《百位伏藏師傳》，集結了一百五十多位伏藏師的簡傳。

⑯「五伏藏王」最標準的名單如下：娘・讓・尼瑪・沃瑟、咕汝・確旺、惹納・林巴、貝瑪・林巴、多昂・林巴。

⑰感謝琴恩・史密斯（Gene Smith）借給我對此部文集的大綱。《大寶伏藏》的目錄已經有數位電子版，而且整部文集都已經掃描存檔，可以在 www.tbrc.org 取得。對於其內容的概覽，請參閱嘉措（Gyatso）一九九六。

婚生子。伏藏師向來是當地社區的活躍成員，他們的家庭常會被視爲宗教上的貴族階級，並在該社群中具有顯赫的地位。値得注意的是，伏藏師也往往會四處雲遊，他們會爲了傳佈自己的教法而前往遙遠的地方。伏藏傳統的地方性和超越地方性，這兩個層面有很重要的相輔相成關係。我們必須理解，伏藏師具有領袖魅力的本土性來源深植於某個特定區域，卻獲得了遠揚的名聲。有了這樣的理解之後，我們才能眞正理解貝瑪．林巴在今日不丹宗教生活和世俗生活上的重要性。

預言的維度

對於伏藏傳統中的密法和儀式傳遞，預言或授記是不可或缺的。人們認爲，蓮花生大士預見了西藏和喜馬拉雅山區人民的需要，而預先密藏了倡揚宗教復興的教法。在這個概念中，蓮花生大士特別選派某人取出一套特定的教文。由此，預言具有賦予正統性的重要功用。預言強調了伏藏師的特別命運，具有使一部文典聖化的功用。以預言作爲連結，個別的伏藏師成爲蓮花生的使者，文獻成爲蓮花生的教法，取出地點則爲蓮花生在王朝時期的活動軌跡。

在這類預言中，最爲著名的就是十四世紀由鄔金·林巴（一三二三年生）所取出的一組預言，直白稱作「貝瑪之語」或「蓮花語」（音譯爲「貝瑪嘎唐」，常譯作《蓮師遺教》）[18]。此文包含一系列的長偈預言，指出超過四十位伏藏師名號以及他們取藏的地點。其中，對於伏藏師貝瑪·林巴的預言如下：

在溝斯的帕日，家園將會受到碉堡的庇護。
處於高山中的塔格茹，將會有人們販售毒藥之處。
受到這些記號的警示，不要失敗，而要帶入光明，
寶藏就隱藏在燃燈湖〔美巴措〕中，
鄔金·貝瑪·林巴〔貝瑪·林巴〕將會出現。[19]

---

⑱鄔金·林巴《蓮花語》（《蓮師遺教》）的首次翻譯是在《*Le Dict de Padma*》中，譯者是古斯塔夫—查爾斯·杜桑。在英文中也找得到：《*The Life and Liberation of Padmasambhava*》（蓮花生之生平與解脫，尚無中譯版），譯者是肯尼斯·道格拉斯和葛溫德琳·貝斯（1978）。

⑲道格拉斯與貝斯 1978: 630。

鄔金・林巴著名文集中的預言，對每一位伏藏師的〔取藏〕時間和地點，只提供了概略性的指示，其後是取決於個人去主張這些預言中哪一段預言是屬於自己的⑳。如同我們稍後會見到的，在貝瑪・林巴的生平故事中，有一段神奇的敘述引出了關於這燃燈湖（美巴措）的景象，因而將他和上述這個預言連結起來。不久之後，他就建立了一座名為貝瑪林的寺廟，正式將其作為自己的名字。㉑

預言也會作為一類特別的教文，出現在各伏藏師的伏藏文集中。這些預言會指出是誰被授命取出某個特定伏藏法，並且將該伏藏師的時代描繪成險惡腐敗的時代。貝瑪・林巴全集中的預言指出，會有一位名叫「貝瑪」的人，是蓮花明公主的轉世，這人將會在既定的數個生世之後，出生在苯塘。作為很典型的敘述，預言也給出了大量的惡兆。例如，在《寶海上師》中，其中一則預言便描寫了下列景象：「肉慾和仇恨橫流的時代」，「有著大饑荒，以及眾多匱乏缺失的時代」，「喇嘛號令軍隊的時代」，「善惡交織混雜的時代」，「僧人捨棄誓言的時代」等等㉒。這些負面的凶兆象徵了重整靈性的需要，方法就收錄在出現這些預言的伏藏中。為了實現這些預言，伏藏師則扮演著宗教復興者的角色，將蓮花生大士原本的教言引入當代。

在貝瑪・林巴的伏藏全集中，不管是哪一類的伏藏文，都能在其文句拼寫和結構部份裡，找到預言的元素。例如，伏藏文的記號就是一個拼寫標記，由中間具一條橫線的兩個相疊小圓圈所構成（༔）。這個記號將伏藏和一般著作區分開來，立即告知讀者或瀏覽者此文的神聖源起，以及它作爲經典的重要地位㉓。由於這些記號是如此的獨特，根本不需要眞的閱讀內文，就已能理解該文的神聖地位。注意到這一點是很重要的，因爲在此一文化環境中，在家人的識字率並不高，很多人對待經文的方式依然會將其作爲禮敬的對象。

貝瑪．林巴的伏藏全集中，預言的成份是無所不在的。不只他大部份的伏藏法都含有特別講述預言的一篇教文，而且很多教文的首行和末行都以濃縮的形式將預言包含在內，這使得

⑳伏藏師的認定，也會基於在他們自己在某部伏藏中的預言。

㉑艾里斯 1988b: 41。

㉒《*Lung bstab gsal byed 'od kyi dra ba*》（《貝林伏藏法》第一函：139—49）。參見附錄乙。

㉓有意思的是，貝瑪．林巴的一般性著述，有時候也會用伏藏記號做標記，因而在一定程度上，使得取出的作品和一般性著作變得模糊難分。

教文內容的周邊形成了預言的框架㉔。在貝瑪．林巴的伏藏全集中，這是一個公式化的突顯特徵。從這類豐富的預言當中，我們能夠斷定，傳統上，王朝時期和伏藏師本人年代的連接，是以相當平鋪直敘的文字來表達的。

在這個預言框架中，教文的主題是以蓮花生大士爲第一人稱的語氣來做介紹和總結，並用直接的方式強調作者是誰。這些介紹的語句，明確地祈求蓮花生大士對伏藏師所處時、地的人們具有慈愛的心意。教文的總結語句或跋，有兩個部份：(1)以蓮花生大士的語氣敘述埋藏伏藏的過程，以及對取藏的預言授記；(2)以伏藏師的語氣簡短敘述取藏的經過，有時候只有一行文字而已。貝瑪．林巴文集在跋的兩個部份中，強調的要點是伏藏師名號和取藏地點㉕。就風格而言，被當作是蓮花生大士預言的部份，以及取藏的經過會相陳並列，創造出一種在結構組織層次間的提示性連接。預言和實現的相陳並列，傳達出蓮花生大士和伏藏師兩者在時間上的直接連結㉖。

預言強調了過去和現在的連結關係，人物和地點（也就是伏藏師和取藏地點）則被刻畫爲王朝時期和取藏時點的相關媒介。伏藏師透過先前的生世而處於過去，作爲蓮花生大士弟子的那一世，據說曾領受一套日後將由其取出的伏藏教法。過去和現在的交集，也發生在某特定地

㉔這個預言框架有著幾行文句的內外框架，將每一篇教文的內容收入其間，而無論教文的內容為何或是種類為何。教文的外框架包括：⑴一開始的禮敬「啓敬偈」，通常是禮敬蓮花生大士；以及⑵跋，若有的話，通常為文末的一行文字，以貝瑪．林巴為第一人稱的語氣，提供取藏的細節。在這裡面，還有一個內的框架，提供教文內容的場景。在內框架之中，轉變成蓮花生大士自己的語氣，以第一人稱的方式作講述。因此，無論他之後在全文中是否還繼續作為明顯的講授者，所有教文的內容都被當作是蓮花生大士的教言。

㉕在貝瑪．林巴的伏藏中，取藏日期並非是要凸顯的重點，也許只會記錄在內部的清單中，或是替代地出現在一整套伏藏法中某篇教文的跋內。

㉖兩種界定性的框架設計，更強化了預言的氛圍。在第一種的框架設計中，於作者的誓言之後立即接著一個「誓印」，而使發願加上了預言的強化。「誓印」的內容為「薩瑪雅，嘉，嘉，嘉」，即「三昧耶，封印，封印，封印」。這個封印為作者的誓言添加了新的重要性，於是它不再只是誓言要撰著一篇具有特定意圖的文章，而是要在遙遠的未來去完成的一項承諾。雖然蓮花生大士的意旨被認為具有靈驗性，但如今再加上一個誓印，更能夠增添一份莊嚴隆重。被承諾的事項其實就是於後的教文，且出現在發願文所說的狀況下。這個封印所標誌的，不僅是承諾本身，而且也是承諾要給後人之物，也就是受到封緘的教文。以蓮花生大士的語氣所作的結語文句，會接在第二個誓印之後出現，而這個誓印通常也較為詳細，是對預言以及文末的封印作封緘。第二個的封印，完成了將教文內容包覆其中的「預言框架」。之後接著的是伏藏師自己所作的跋，告知取藏地點的地名，有時候也包括取藏的日期。

第二種的界定性框架設計，出現在貝瑪．林巴眾多伏藏文的開頭。直接位於標題之前的，或許是一行空行密文，亦即據稱有伏藏被隱藏在內的符號密碼語言。（參見 Gyatso: 1993: 100）。另一串的這類字體，通常被安放在兩段的跋文之間，並於文末標明內、外兩層框架結構的界線。這些字母神秘難解的樣式，特別能讓人聯想到在伏藏篋中黃紙卷上的空行密文，而這種關聯性，更為每一部教文注入了超自然的神秘性質。

點，據信伏藏正是在該處被封藏，並於日後在該處被取出。預言框架作爲在修辭上的設計，將封藏伏藏的記述與如今被取出的記述並列，從而體現了這個過去事件的現前。

除了預言成份之外，其他種類的敘事，包括莎拉．哈定在本書中所翻譯的文選，則提供了一個架構，建立起貝瑪．林巴所有伏藏文的神聖性。歷史類的敘事尤其提供了對伏藏起源、傳承過程、封藏方式的詳細敘述。如同下一段所述的，歷史描寫了智慧經由三種世間模式的演進，不只是過去和現在，而且也包括諸佛超越時間的範疇。

超越時間的智慧軌跡

伏藏法的權威性，不只在於其以蓮花生大士作爲著述者，還在於其對蓮花生大士之前的伏藏起源敘述。伏藏文典使用了歷史文體，勾畫出某伏藏法從諸佛超越時間的抽象場所到特定取藏時點的軌跡㉗。這些歷史一向是從諸佛菩薩所住的淨土開始，接著透過象徵和淨觀的方式帶入人類的一面。西元八世紀是敘述開展的主要時代，以蓮花生大士作爲主要人物，首先在印度，然後是西藏。一旦到了西藏，這些記敘就以蓮花生大士的教授、預言、伏藏封藏爲中心，場景則從西藏中部的王國朝廷移至封藏的特定地點。於是，對於超越時間的抽象智慧如何成為特定時間地點的文章形式，這樣的歷史文體便提供了過程的系統脈絡。

祕密知識如何從抽象形式變成具象形式，此一進程建構了一連串交互連結的地點和關係交織的人物。這類文體為取藏地點和伏藏師、佛土和其證悟者提供了強而有力的連結，也為取藏地點和伏藏師、與印度聖地和著名密續大師、與西藏王朝和王室成員做了強力的連結。一方面，這些參照點創造出賦予取藏地點象徵性意義的地點網路，而必然的結果是，歷史沿革將這些伏藏師刻畫成與諸佛、菩薩和過去密續大師最接近的繼承人。

至為重要的是，在「伏藏即佛經」的觀念形成中，歷史記載扮演了關鍵性的角色。每一部伏藏法的究竟權威，可以透過一系列的特定階段而追溯至某一位佛陀，這使得伏藏文典與譯自印度的佛經密續經典足以相提並論。特別是那些由新譯派所傳下的經續典籍，這些經典在十世紀至十二世紀期間開始在西藏弘揚興盛。較早的傳承總稱為舊譯派或寧瑪派，他們認為伏藏是佛陀的教法，由蓮花生大士在八世紀引入西藏。對寧瑪派而言，伏藏具有經典的權威性，並且

㉗關於伏藏起源敘述和傳遞過程的討論，請參閱 Gyatso 1986 與 Thondup 1986。

至今都持續有人取出，所以伏藏提供了一個「開放性聖典」的重要功能。㉘

在貝瑪．林巴的文集中，每一部伏藏法都有其自己獨特的歷史，最多可包括七個階段。這指出了每一部法都被視爲由某佛陀傳授且是以密法傳下。就一般的寧瑪傳承而言，都有三個共同的階段，依序透過(1)如來密意、(2)空行表示及(3)口耳相傳的媒介而傳授。伏藏傳統則再加上幾個獨特的階段，包括詳述蓮花生大士傳授某教法與封藏爲伏藏的方式，以及該伏藏將在未來由某位特定的伏藏師所取出等。從貝瑪．林巴文集的歷史中可知，雖然它們在階段的順序和數量上並非一成不變，但卻都保持了同樣的基本形式㉙。

關於佛陀的出世智慧要如何在人類歷史的世俗世界中傳續，歷史記載中提供了一個能讓人理解的「神學性」解釋。寧瑪教法的傳授次第和「三身」理論㉚有著非常密切的對應，並且解釋了所知的內涵從細微層次轉移到粗重層次的方式。最初的傳授在寧瑪傳承中是共通的，被稱作「佛陀密意傳承」，它代表了「法身」上師和「報身」弟子之間所進行的心與心交流，例如在阿底瑜伽法中，於普賢王如來和金剛薩埵之間便曾如此發生。下一個階段被稱作「持明表示傳承」，這是象徵性的指示教法，例如在阿底瑜伽法中，從金剛薩埵到「化身者」噶饒．多傑（意譯爲「極喜金剛」）的傳承，即是如此。在僅僅兩個階段中，傳授過程就由法身此一抽象境界傳遞給人類或化身者，而此人便進而擔負起傳續此奧秘知識的責任。

在各個特定的教法中，傳法順序會依據所涉及的人物而有所調整，但基本的模式則大同小異：上師爲佛，雖非必然，但經常是普賢王如來。例如貝瑪．林巴全集的長壽法，便可回溯至極樂世界淨土的阿彌陀佛。對於指示傳承的印度受法者，有著不同的描述，有時候是一群稱作

㉘關於現代的伏藏，請參見 Germano 1998。

㉙以下是在貝瑪．林巴各伏藏歷史中，數目不同和階段有所變化的例子。參見附錄乙。在《大圓滿．普賢密意總集》（第四函）中，依據其歷史記述，傳授的階段有四個：勝者密意傳承、持明表示傳承、補特伽羅口耳傳承、祈願灌頂傳承。在《大悲觀音闇盡明燈》（第七函）中，歷史部份列出了五個階段：佛陀密意傳承、菩薩大悲傳承、補特伽羅口耳傳承、具益真實修行傳承、授記託付教誡傳承。在《長壽教授金剛鬘》（第八函）中，歷史部份列出了六個階段：勝者密意傳承、菩薩大悲傳承、補特伽羅耳傳傳承、具益真實修行傳承、授記託付傳承、成就者瑜伽傳承。在《八大法行．極密意鏡》（第十函）中，則有七個階段：勝者密意傳承、持明本覺傳承、空行囑咐傳承、成就者瑜伽傳承、補特伽羅口耳傳承、深奧伏藏傳承、付法授記傳承。（中譯註：最後這個傳承常見的名稱為「受命」，但「付法」一詞應較為妥當。例如，佛陀以降，有七代付法師之說，而付法授記較接近「承天景命」的意思，也就是「此師按照授記，註定有繼承、弘揚此傳承的天命」，而非「受上層指派職務，或接受派任」的「受命」。）

㉚關於三身理論，有一個非常卓越的研究，參見 John Makransky 的《*Buddhahood Embodied*》（Albany: State University of New Yord Press, 1997）（佛果的體現，尚無中譯版）。

「八大持明」的人，有時候是一群稱作「八大上師」的人，包括蓮花生大士在內。貝瑪・林巴文集中的另一個例子是《大悲觀音闇盡明燈》❶的傳授，它是由阿彌陀佛到觀音，最後再到蓮花生大士。在這裡，中間的階段被稱作「菩薩大悲傳承」，強調的是要讓此超越時間的智慧成爲人類變遷歷史之運作其背後那利益眾生的心意。

這個神秘的發展過程，最終到達了人類教法的階段，並以一般語言作教導。這個最後階段被稱作「補特伽羅（個別）口耳傳承」。蓮花生大士雖是這個階段的中心人物，但仍依各法而有所不同，他可能是口耳傳承的傳法者，也可能是受法者。例如，於《普賢密意總集》中，蓮花生大士當時還在印度，從噶饒・多傑（極喜金剛）處接受了這個阿底瑜伽教法。另一方面，於《八大成就言教・極密意鏡》等諸多教法中，口耳傳承則發生在西藏，由蓮花生大士授予赤松德贊、耶喜・措嘉、南開・寧波等弟子灌頂。在同一套教法的傳承過程中，蓮花生大士確實可能參與了不同的階段。於本書所翻譯的《寶海上師》歷史記述中，蓮花生大士接受了不同的阿底瑜伽密續傳授，得自普賢王如來的是加持的形式；得自金剛薩埵的是表徵指示的傳承；得自噶饒・多傑的則是言詞㉛。這三個階段顯示了人們對於寧瑪教法的理解：它是佛陀超越時間的智慧與八世紀印度的人類層面之交會。

下一個傳承系列，是伏藏傳統所特有的，且全部都發生在西藏，它包含了一類基本的特質，並在貝瑪・林巴伏藏法的歷史記述中，被收錄於不同的類別。首先是由蓮花生大士傳給其直接弟子的一套教法，受法者包括了蓮花明公主，也就是貝瑪・林巴在西藏王朝時期的前世。蓮花明公主扮演了一個短暫卻重要的角色，她是赤松德贊的女兒，八歲的時候就已經往生，蓮花生大士爲了授予她一系列的灌頂而曾暫時讓她起死回生。在灌頂儀式之外，蓮花生大士還授予她一套教授，並由耶喜・措嘉將它們繕寫在黃紙上。灌頂期間，蓮花生大士曾祈願並選出未來要取出教法的弟子，而這樣做，乃具有根本的重要性。據信，就在那作爲種子的時刻，伏藏便已被封藏在該名未來伏藏師的心續中[32]。

在紀事中，伏藏的實際封藏，也就是黃紙卷被放入匣中封印的時候，是到後來才發生的。有時，貝瑪・林巴伏藏文集的歷史部份會明確記載，蓮花生大士和耶喜・措嘉一起前往封藏

---

❶常見的稱呼為《除闇明燈紅觀音》，不過，由於「除闇」（mun sel）是指明燈的能力，除闇則是除闇的結果，因此做了修改。

㉛〈*Lo rgyus stong thun dang bcas pa nor bu'i phreng ba*〉，《貝林伏藏法》第一函：395—429。

㉜參見 Thondup 1986 關於祈願灌頂之重要性的論著。

處，例如苯塘或洛札，將伏藏隱藏起來，並且在封藏處指派保護伏藏的守護者。守護者則有不同的種類：地神、護法、空行母等。一旦某伏藏被藏起，就會作出關於伏藏師的授記，這通常會包括聖徒傳記形式的細節，例如名字、出生年份和出生地點、雙親等等；可能還會以預言形式列出伏藏師少數幾個弟子的名單。

在貝瑪．林巴伏藏法的歷史記述中，屬於第二系列的傳承往往只有兩個階段[33]。第一個階段可簡稱為「深奧伏藏傳承」，它包含了灌頂儀式、封藏伏藏、指派空行母。在第二個階段，預言是唯一的焦點，稱作「授記託付傳承」。若還有第三個階段，則是關於貝瑪．林巴弟子的預言，稱作「成就者瑜伽傳承」。雖然階段的數目不同，但其所包含的基本特點都是一樣的，只是在此更為強調了預言的面向。預言在歷史記述中扮演著不可或缺的角色，強調智慧的進程乃完成於伏藏師所處的時間和地點。

伏藏傳統的傳承過程，其獨特之處可說是：經由心意、符號、語言為媒介，而重申一套教法的原本歷程。如前所述，據說蓮花生大士在灌頂儀式的期間，便將伏藏植入了授記未來取藏的弟子心續之中。依據第三世多竹千．吉美．滇貝．尼瑪（或稱多智欽仁波切）（西元一八六五年至一九二六年）所言，封藏伏藏的真正處所是心意，實體伏藏則是引發憶念的符號性方法㉞。將教法轉爲符號性媒介的人是耶喜．措嘉，她最常負責謄寫和隱藏伏藏，而讓實體伏藏成爲符號或「幫助記憶的提示」，能夠重新喚醒伏藏師從蓮花生大士所獲得的傳授㉟。唯有被指派的伏藏師，才有能力譯解符號密文，並把教法以文章的形式寫出。將超越時間的智慧拋入到人類層面，而最終成爲一套教文或伏藏法，再由伏藏師傳給弟子。

於此過程中，如同伏藏傳統所呈現的，在本初佛和貝瑪．林巴之間的距離，便不會超過六度分隔㊱。因此，伏藏的信眾認爲，相較於經由師徒無間斷傳下的教法，伏藏是更爲殊勝的教

㉝在貝瑪．林巴伏藏的歷史記述中，對傳承過程的描述用語，和後來第三世多竹千．吉美．滇貝．尼瑪（1865—1926）在《伏藏傳承顯說．稀有妙海》（*Wonder Ocean: An Explanation of the Treasure Tradition*）中所統一使用的一套標準用語略有不同。多竹千的敘述包括三種傳承：⑴受命授記；⑵祈願灌頂；⑶空行囑咐。多竹千之文已由東杜祖古所翻譯，收錄於《*Hidden Teachings of Tibet*》（1986）（中譯版《舊譯寧瑪派伏藏教法源流》）中。

㉞Thondup 1986: 106—9。

㉟參見 Gyatso 1986。

㊱「六度分隔」一詞是約翰．桂爾一部舞臺劇的名稱，後來成為日常用語。在這裡，以不加修飾的方式來計算分隔的度數：一位法身佛、一位報身菩薩、一位化身人物、蓮花生大士、蓮花明公主、貝瑪．林巴。我以這個用語來顯示在伏藏傳統中，伏藏師和權威來源之間的緊密關連。

法[37]。在佛教徒的觀念中，一部教法的靈性加持會隨著時間而消散[2]。因此，從伏藏傳統的角度來看，佛陀教法在透過世世代代弟子而傳下的長傳承中，極可能隨著時間而有所變異。另一方面，伏藏師卻能聲言，他們透過蓮花生大士而具有對佛陀教法更為直接的來源，這樣的傳承就被描述為直接的傳承，是清新教法和再興加持的泉源。就儀式的效力而言，靈性加持被視為不可或缺，這也就是何以強調歷史文體為具正統性的形式會如此重要。伏藏師是具力加持的媒介，因為他們在宗教上的創新，被視為來自與佛陀直接相連且較接近的環節。

在西藏和喜馬拉雅山區，並非所有人都接受上述的伏藏體系。對於伏藏，有人給予嚴厲的批評，也有人給予熱切的擁護[38]。這種不同宗派間對佛經正統眞實性的分歧，可以上溯至佛教最初的一千年期間，那時所出現的大乘文典，就被巴利經藏的擁護者視為是偽造的。此處對於正典化的複雜議題雖不作鑽研，但重要的是應該知道，很多早期的密續翻譯都被排除在集結印度文典的《甘珠爾》和《丹珠爾》之外，以致寧瑪派被迫編纂另一類的經典集結[39]。對於寧瑪派而言，伏藏提供了重要的經典來源，它們被視為來自印度的教法，隨著蓮花生大士而一起進入西藏。雖然並非所有人都能接受，但當其他教派的重要領導人物請求伏藏法的灌頂、且自己也取出伏藏的時候，伏藏就在寧瑪派之外也獲得了認可。這些其他教派的人士中，最為著名的就是第五世達賴喇嘛㊵。

地域性傳說和認同

從先前的論述中可以得知，我們對於超越時間的智慧，有能力辨認出其傳授軌跡的前、

㊲這兩種傳法方式被稱作「巖傳」（伏藏，音「德瑪」）和「教傳」（音「噶瑪」）。關於這兩種傳承相異處的詳細論述，參閱 Gyatso 1993。

❷這裡所說的消散，其變數應該不只是時間，還包括受法者是否清淨持守戒律等要素。

㊳在寧瑪傳承中，經由上師授予弟子而傳下的經典，是用「口述」或「噶瑪」一詞來指稱（譯註：一般譯作「教傳」）。關於噶瑪教傳和德瑪巖傳（伏藏）之間的相異處，參見 Gyatso 1993 的論述。

㊴參見 Smith 2001: 238—9。關於如何能被承認為聖典的正典化過程綜合論述，參見 Paul Harrison 的文章：《*A Brief History of the Tibetan Bka' 'gyur*》（西藏甘珠爾簡史，尚無中譯版），收錄於 Cabezón and Jackson 1996。為了寧瑪傳承的延續和發揚，惹納．林巴（1403—1478）將前譯期的密續文典集結為一部典籍，稱作《寧瑪十萬續》（*Nyingma Gyubum*）。

㊵關於寧瑪派以外其他宗派的著名伏藏師簡表，參見 Smith 2001: 239—40。

中、末端。前端是對其起源的記述，即該教法在不受時間限制的諸佛境界中之究竟根源；中端是關於蓮花生大士的故事，強調他把這超越時間的智慧傳入喜馬拉雅地區的關鍵性角色；末端則著重關於伏藏師宿命的預言，將伏藏師描繪爲在此浩大計劃中的受選法嗣。藉由前後串聯著預言和聖徒傳記的元素，歷史創造了一個敘事性的進程，結局則發生在取藏的地點。

祖師傳或聖傳的這類文體，透過蓮花生大士的各個故事和伏藏師本人的生平故事，於此宏偉的敘事中詳述了中間和結尾的部份。整體來說，伏藏傳統的這種文體，透過蓮花生大士、耶喜·措嘉和其他很多人的眾多故事而發展出王朝時期的傳說。接著，貝瑪·林巴的自傳則藉由他過去生世的血統和諸多取藏的故事，把自己和王朝時期做了明顯的連結。這一段落的主要焦點，在於來自王朝時期的記述，下一段落則對貝瑪·林巴聖傳故事的特點加以探討。

祖師傳有著多重功能，在藏文稱作「南達」，即「圓滿解脫」，它描述聖人的一生，以作爲模範和禮敬的對象㊶。因此，使用聖徒傳的文體，是特別要讓人生起崇敬。這一點很重要，因爲蓮花生大士所代表的不只是伏藏文的作者，往往也是伏藏文的主題，而且還是修行虔心的主要對象，在上師成就法中更是如此。伏藏師也是儀軌中的虔敬焦點，因爲他們的角色是蓮花生大士的使者，不僅是宗教新社群的創始人，也是密續灌頂的導師。伏藏文典以神話般的口吻描寫蓮花生大士的種種，最終則讓他成爲自身淨土「吉祥銅色山」的中心人物。聖徒傳藉由提昇蓮花生大士的崇高地位，加強了人們對伏藏本身的敬重，並且提供了伏藏師傳法的儀式要義架構。

重要的是，蓮花生大士的聖傳具有增強國家自豪感的效果，因其焦點是放在西藏王朝力量的黃金時期㊷。對於從十三世紀以來就多次遭受蒙古人入侵的西藏人而言，王朝時期已然成爲一個重要的歷史標誌。當時，佛教在諸位虔誠國王的諭令下被引入西藏，且這些國王後來被認爲是菩薩。於是，將之塑造爲黃金時期，便成爲西藏早期歷史的試金石。從那早期年代流傳至今的佛教傳統，被合併爲寧瑪派（舊譯派），而這些傳統自然積極保存並傳揚這則傳說。

貝瑪·林巴在敘事中，將這跨喜馬拉雅山區的傳說和他自己所屬的獨特地區相連，這讓人聯想到，在當今不丹邊境的苯塘，也有一個並行、獨立的王朝時期㊸。蓮花生大士曾傳奇性地

㊶Tambiah在《*The Charisma of Saints and the Cult of Relics, Amulets and Shrines*》（聖者的魅力與聖物、避邪物、聖堂的儀式，尚無中譯版）中，對於聖者的這種雙重層面曾有探討。這是一篇尚未出版的論文。

㊷就鄔金·林巴的伏藏而言，尤為如此。我要感謝李奧納多·范德庫結（Leonard van der Kuijp）讓我注意到這一點。

㊸參見 Aris 1979 對貝瑪·林巴兩部伏藏的部份翻譯和總結，它們為苯塘本土的王朝時期發展出地域性的傳說：⑴《*Rgyal po sindha ra dza'i mam thar*》，並未收錄於目前的貝瑪·林巴全集之中；⑵《*Sbas yul mkhan pa ljongs kyi gnas yig*》（《貝林伏藏法》第十七函：493—517）。

造訪苯塘，埋下伏藏並降伏當地神祇，這在他名爲《明鏡》的伏藏文中有著詳細的描述。文中提到當地的一名國王辛度㊹，而他的故事迄今仍在不丹由人細述：他從印度流亡而來，在苯塘建立了王國。依據此文，蓮花生大士是在緊急情況下受邀到苯塘的。辛度王由於兒子命喪戰場而大感悲憤，遺棄了祖傳的神靈薛津·卡爾波㊺。這位神靈爲了報復，便盜取國王的生命力，而蓮花生大士受託前來干預，以取回這個生命力。蓮花生大士和從辛度王眾公主所選出的一位密續明妃共同以一星期的時間閉關，降伏了該區的眾神魔。閉關期間，蓮花生大士在岩石上留下了身印，於是這個地方得名爲身印（庫爾傑），字面意義就是「身體的印跡」㊻。蓮花生大士留在苯塘爲國王提供建言，平息了他和某印度敵人之間的武裝鬥爭，並且在該地的各處埋下了伏藏。在《明鏡》中，我們可以看見貝瑪·林巴如何宣揚著關於苯塘曾爲獨立王朝時期的傳奇事蹟。

《明鏡》除了敘述辛度王的傳說之外，還包括一些預言，並提到一處稱作「堪巴壠」㊼的秘境。堪巴壠的隱匿還涉及另一則流亡的傳說，這次是關於一位名叫奇卡·惹透㊽的西藏王子。在貝瑪·林巴的伏藏中，有一部便是這個秘境的指南，其中詳述了這位王子的傳奇故事㊾。流亡的奇卡·惹透在稱作堪巴壠的山谷建立了王國，他決定從這裡對西藏發動進攻。蓮花生大士出面干預，迅速擊退了引起爭戰的王子，並且把堪巴壠作爲秘境而封印起來，讓人們無法得見，同時將保護此地的任務交付給當地神祇，直到它再次被發現爲止。文中說，奇卡・惹透之後就在苿塘的棠谷定居下來。

辛度王和奇卡・惹透這兩則傳說故事，都把苿塘描繪成流亡之處，越過西藏、印度兩地的

㊹這份令人著迷的文章 Gsal ba'i me long 已經在 Olschak 1979 中做了全文的翻譯，題為《*The Clear Mirror of Mysticism*》（神祕主義的明鏡，尚無中譯版）。麥克・艾瑞斯（Michael Aris）於跋文中做了總結，簡單將作者說是「鄔金」，他認為這部短文（全長只有三十頁）確實是貝瑪・林巴的伏藏之一，儘管它獨立於伏藏全集之外。此文強調了辛度王與當地神祇的關係，並描述他對蓮花生大士的邀請，以及如何豎立一根「誓岩柱」以劃分辛度王的門（Mön）王國和其敵人納胡切的印度王國之間的界線。

㊺關於王室信仰和當地神祇的重要論述，請參見 Huber 1994 和 Karmay 1996。

㊻今日在庫爾傑屹立著由三大建築物所構成的一座寺廟，據說蓮花生大士在此處留下了身印。

㊼喜馬拉雅傳說中對於這個秘境的其他記述，請參見 Diemberger 1997 和 Pommaret 1996。

㊽依據傳說，奇卡・惹透是赤松德贊的非婚生兒子，由他的妃子之一與狗、山羊雜交而生。就字意而言，他的名字為「犬面」和「山羊角」。這是帶有貶意的稱呼，否則，一般人會稱他為「牟如贊普」。

㊾Aris 1979 包含對這部伏藏的部份翻譯。

邊境，並且是個秘境，對於轉化靈性來說是個理想的地方。在相當類似的脈絡之下，龍欽．饒絳在一三五五年寫下了一篇對苯塘的頌文，述說此地的秘境特質，是個理想的修道處所[50]。辛度王的故事無疑是關於救贖和學習，事情則發生在位於神聖地理環境中的世俗統治者之地，而這聖地還居住著具更大力量的地方神祇，以及更爲重要的密續上師們。我們可以說，貝瑪．林巴對秘境傳說和苯塘王朝時期的宣揚，爲這個獨立於藏、印之外的地方、其身份認同作出了貢獻，而它距離霞仲．拿旺．南嘉統一不丹，還有一百多年的光陰。

根據無數的傳說所言，蓮花生大士的活動跨越了整個喜馬拉雅地區，包括今日不丹的苯塘和帕羅。蓮花生大士造訪不丹西部的帕羅一事，即使是在國外也廣爲人知，因爲他曾在塔倉有一個著名的閉關處，也就是所謂的「虎穴」。他在閉關岩穴附近所建立的寺廟，沿山盤踞於陡峭的岩壁上，這無疑是不丹最有名、也最令人震撼的朝聖地點[51]。以不丹人的民族自豪感和對自己國土的神聖觀念來說，蓮花生大士曾在此地居住的重要性是不容低估的。蓮花生大士的造訪，使得苯塘和帕羅兩地都被認爲是不丹尤爲神聖的地點，寺廟在這些地區群聚而起。依據民間傳說，蓮花生大士在苯塘插下的手杖已長成一棵柏樹，而這棵樹的種子則遍佈在今日的不丹各處。

雖然貝瑪．林巴曾行訪至西藏中部，但他大多數的事業都發生在苯塘，也就是今日不丹的中部。他的取藏地點，大多數分布在苯塘的四個山谷內，包括燃燈湖、庫爾傑、日莫阡、塔爾巴林，以及現在稱作「昆秋．松」的澤隆．拉康。（關於貝瑪．林巴伏藏及取藏處的目錄，請參見附錄乙。）從當時到現在，於當地人民的眼中，這些伏藏文具有使土地聖化的功能，並且提供了蓮花生大士曾在當地活動的證明。據信，證悟上師的活動會以加持爲形式，並在地理景觀中留下無可抹滅的長久痕跡[52]。因此，取出伏藏爲蓮花生大士的加持提供了實質的展現，伏藏也被視爲是重要的聖物。

貝瑪．林巴的取藏地點雖然以本地爲主，但其分布的地點卻從苯塘一路到西藏中部的桑

[50] Bum thang lha'i sbas yul gyi bkod pa med tog skyed tshal，收錄於龍欽巴的雜文集《*Gsung thor bu*》：235—245。

[51] 虎穴在一九九七年被一場祝融燒毀，此事件登上了國際新聞，重建的工作至今仍在進行。

[52] 東尼．胡博（Toni Huber）將 byin brlabs 翻譯成「力量界」，而非加持，以表明和聖地有關的活躍空間（1994: 92 與 1999: 15）。胡博使用「力量界」，主要是與神祇的所在地有關。然而，咸認密續上師也會在他們曾經活動過的地點留下加持，特別是那些他們曾經做個密集禪修的地方。在地理景觀中無所不在的印跡，被認為是蓮花生大士在西藏和喜瑪拉雅地區岩石上所留下的手印和腳印，這些印記善巧地證明了這個信念：擁有超能力者，能於所在之地造成難以磨滅的標誌。

耶，這讓人回想到蓮花生大士在王朝時期的傳奇活動，其範圍之廣大。尤其是這兩個地點，它們標誌出如此的地理幅度：(1)苿塘的庫爾傑，據說是蓮花生大士留下完整身形印跡的地方；(2)西藏中部的桑耶，是在赤松德贊統治期間，興建西藏第一所寺廟的所在地。貝瑪·林巴還在洛札取出了幾部的伏藏。洛札位在西藏的東南方，就在苿塘的北邊，這反映出他的區域性色彩。的確，如果我們將貝瑪·林巴伏藏的取出地點，在喜馬拉雅山區的地理環境中全部標誌出來，我們將會看見，貝瑪·林巴的事業生涯具有本土性、區域性、跨喜馬拉雅山區的層面。如同我們以下將會看見的，貝瑪·林巴在苿塘和洛札，都扮演了積極活躍的角色，他主持宗教儀式，並在施主的諭令下調停世俗事務。雖然貝瑪·林巴的行蹤廣布，但他大部份的事業生涯都在家鄉的苿塘度過。這也就是何以雖有其他著名的伏藏師曾在此區活躍，卻沒有人能像貝瑪·林巴一樣，與今日的不丹如此息息相關。

貝瑪·林巴具有淨觀的事業生涯

到目前爲止，我們所關注的焦點是伏藏傳統起源於佛陀超越時空淨土的概念，以及在西藏王朝時期的蓮花生大士，將伏藏傳至西藏和喜馬拉雅山區的關鍵性角色。現在，讓我們轉而說明伏藏在貝瑪・林巴生涯中的巔峰時期，如同在其自傳和本書隨後概要中所描述的那般[53]。而這一段並非試圖要重新概述貝瑪・林巴的生平故事，因爲於本書第一章便對此有所講述。取而代之的，本段所要探討的是這位伏藏師具有的淨觀傾向，以及使他在地區成名的神通本事。這

㊿貝瑪・林巴的生平故事有三個來源：⑴貝瑪・林巴的自傳《光明莊嚴一切寶鬘》（*A Garland of Jewels Beautifying All with Its Light Rays*），可在《貝林伏藏法》第十四函：3—510中找到。Aris 1988b曾經深入研究此文。參見下一注釋裡，來自他書中評論部份的節選。⑵《信心之花：略述貝瑪・林巴的轉世源流》（*Flower of Faith: A Short Clarification of the Story of the Incarnations of Pema Lingpa*），在第十四函中，接在貝瑪・林巴的自傳之後。此文是由第八世貝林・宋都——袞桑・德千・尼瑪（1843—1891）所著，提供對貝瑪・林巴生平的一份略述（參見第一章）以及他之後轉世的簡傳。接在此文之後的，是一篇重要的補充著作，由敦珠仁波切吉札・耶喜・多傑（1904—1988）所撰：《*Pad gling 'khrungs rabs rtogs brjod dad pa'i me tog gyi kha skong mos pa'i ze'u 'bru*》（十四函：601—29），作為先前紀事的附錄，加上至第十一世貝林・宋都的新資料。⑶當代的不丹學者，也是前任國家圖書館主任的貝瑪・策旺也編撰了一部貝瑪・林巴的傳記，由克里斯・巴特斯（Chris Butters）所翻譯。這可以在貝瑪・策旺等人所著的《*The Treasure Revealer of Bhutan: Pema Lingpa, the Terma Tradition and Its Critics*》（1995）（不丹的伏藏師：貝瑪・林巴、伏藏傳統及相關評論，尚無中譯版）中找到。

些事蹟的傳說，在貝瑪．林巴本人的時代就已開始在苯塘廣為流傳。雖然西方科學的興盛，可能會令現代讀者對這些有關神通的宣稱感到懷疑，但在貝瑪．林巴的文化環境中卻非如此。淨觀的經驗和神通的事蹟，都被視為是伏藏師度眾魅力的一部份，以及對伏藏師宣稱自己是蓮花生大士使者的證明，因而代表了伏藏師生平聖傳記述的主要部份。[54]

貝瑪．林巴的自傳將他的平凡與具有淨觀的特質相陳並列，這個特質召喚他走向了特殊的命運[55]。與文化上的謙遜規範相符，貝瑪．林巴將自己的成就只部份擔責於己，即使是在強調預言成份時，比如那些卓越出眾的過去生世和有關取藏的神奇故事，也都一致被歸功於外在的力量或是偶發的衝動。在他的事業生涯中，為重大轉折點提供催化劑的是淨觀，而非個人的自發行動。他的宗教修學被歸功於過去生世，取藏是發生在出神狀態，而他大量文典著作的作者被認為是蓮花生大士。在個人主動創新還不如宣揚傳統來得受到高度珍視的文化環境中，貝瑪．林巴將自己的成就描繪成屬於一種取出和發現的宗教風格，乃是一項廣大籌謀中的一部份，而這項籌謀可回溯至超越時間的諸佛以及密續大師蓮花生大士。

貝瑪．林巴的一生，始於平淡無奇的境遇。西元一四五〇年，他出生在苯塘確廓山谷一個稱作紐氏的寧瑪法師家庭中。父親紐騰．敦祝．桑波娶了鐵匠的女兒卓嫫．貝瑪．卓爾。直到貝瑪．林巴二十多歲之前，都在這兩個家族背景中均衡發展：由祖父指導而接受鐵匠的訓練，並在兩座不同的寺廟——瑪尼寺和日莫阡——度過短暫的時光。由於貝瑪．林巴具有雙重的職責，所以從未接受過廣博的宗教訓練，儘管他的確從岳父秋登喇嘛那裡接受過多傑．林巴伏藏法的灌頂。直到貝瑪．林巴記錄下他的第一次淨觀之前，都過著平凡的生活。在這期間，他的

---

54 珍奈特．嘉措（Janet Gyatso）在《*Apparitions of the Self*》（1998）（自我的幻象）中討論到淨觀在伏藏師自傳中的重要性。她說：「西藏人普遍認為他們的夢境和其他覺受，對個人而言都具有重大意義，即使這些並不見得就帶來伏藏的發現。淨觀和夢是宗教修行的一個重要關注，在西藏的文獻中，對於有助淨觀、夢及掌控它們的技巧，有著大量的敘述。這個偏好，以及那些說出自己具有卓越淨觀和預知夢境的大師將得到禮敬和資助的事實，便是何以這類經驗在西藏宗教人士自傳中會如此顯著的原因」（104—5）。嘉措也強調，西藏人，特別是伏藏師，都是自傳的多產作家，她認為這是「在西藏社會中，具有領袖魅力的個人能廣受愛戴的明顯證據」（102）。

55 伏藏師生涯中的淨觀傾向和人性弱點，這兩種描繪都是自傳中的特點。按照珍奈特．嘉措（1993）所言，這個在人性和淨觀之間的交互作用創造出一個戲劇化的相陳並列。她說：「取藏故事並未美化其中的挫敗感和懷疑，記述中的人性和敘述起源的神話式語氣，這兩者形成了強烈的對比」（116）。在別處，嘉措對這種自我表現功用的探討如下：「取藏者顯示出自己的個人缺點，這使得他對淨觀的追求努力產生一種誠實的氛圍。很重要的是，這暗示了他的觀眾：他所宣稱的淨觀並非捏造的。他的謙恭反而引發信心，使人相信他最終所擁有的取藏淨觀，的確是他的『真實』體驗」（118）。

宗教職業不過是諸多家族義務中的一部份而已。

伏藏師可能會在年輕的時候，接受過一些經文學習和儀軌修持的訓練，但這並不被視爲他們文學成就的基礎[56]。像貝瑪．林巴這樣的人，他們住在遠離西藏中部寺院學術機構的地方，卻能夠成爲宗教了悟的主要傳播者，乃是因爲伏藏師一職所需的先決條件已經在前世就得到鑒別[57]。貝瑪．林巴的過去生世，不只包括了王朝時期作爲蓮花生大士親炙弟子的蓮花明公主，還包括了非凡出眾的龍欽．饒絳大師，後者也曾在今日的不丹停留相當長的一段時間。這一連串的過去生世，也促成了聖者的本俱才能和成就，因爲人們普遍相信，證悟者是因爲受到悲心力量的驅使而轉世再來[58]。

在伏藏師生涯的記述中，淨觀提供了一個轉捩點。在此轉捩點上，原本平凡的生命開始具有特殊的身份地位。淨觀具有突如其來和出乎意料的特點。淨觀是喚醒伏藏師過去生世潛藏素質的催化劑[59]，告知伏藏師他們的命運，並爲取藏提供所需的細節。貝瑪．林巴是經由對「一位衣衫襤褸的僧人」的淨觀，因受到召喚而取出了他的第一部伏藏。這位僧人給了他一捆紙卷，上面寫著：「本月的滿月之夜，在你山谷底部一個叫作長鼻崖（納靈．札）的地方，有著你命中註定的財寶。帶著五位友人，到那裡取出。」[60]在這裡，我們看到了一個常見的形式——突然出現的幻景，傳達出具有預言性質的信息和取藏的細節。告知伏藏地點的指示，被稱作「預言指南」或「地址」[61]它包含了取藏的時間和地點，以及要帶的伴侶和要修的儀式。森給．納靈．札或說「長鼻獅崖」，豎立在貝瑪．林巴家鄉——伽婁附近的棠河，位於一個巨大的漩渦上方。據說這位不丹的聖者，就是在此出生山谷的底部，取出了他的第一部伏藏。

---

⑯依據東杜祖古所言：「大多數伏藏師在取出任何伏藏之前，看來都是平凡人。他們不見得會像是學者、禪修者或祖古〔轉世喇嘛〕。然而，出於本自具有的靈性成就，以及過去生世的所受教法，他們會在合適的時間，突然開始取出神秘的伏藏，而不需要任何明顯的訓練。」(1990: 154)

57 嘉措（Gyatso）提出此點：「伏藏可作為工具，讓宗教人士得以在傳統的寺院和學術界之外，獨樹一格而自我上進。」(1998: 145)

58 嘉措評論說：「在取藏師之中，主張具有對過去生世的記憶是很平常的事，這也變成寧瑪派在逐漸興起的寺院設立中，能夠獲得和格魯派與其他宗教領袖同等聲望的基礎之一。」(1998: 127)

59 依照貝瑪．策旺所言：「〔貝瑪．林巴〕作為修道人物的活動，始於他在二十歲中期的時候，而且是突如其來地發生在他身上。依據記載，當時是以夢和信息的形式，引導他取出了他的第一部伏藏。」(1995: 45)

60 取自《信心之花：略述貝瑪．林巴的轉世源流》。參見第一章。

61 珍奈特．嘉措在《*The Relic Text as Prophecy: The Semantic Drift of Byang-bu and Its Appropriation in the Treasure Tradition*》（未發表的論文）（作為預言的聖典，尚無中譯版）中，對預言指南的現象有著長篇的探討。

在取藏過程中，經常會出現對空行母和其他神秘使者的淨觀，而所有的階段都是在引導貝瑪．林巴。淨觀不只是作為取藏的催化劑，還能提供預言式的引導或授記指南，而且據說也會發生在取藏地點[62]。貝瑪．林巴在長鼻獅崖底下的渦流中，「感覺自己是被送入某種恍惚的狀態中，同時獲得空行母的淨觀和其他徵兆。」[63]以下敘述是由第八世貝林．宋都——袞桑．德千．多傑（西元一八四三——一八九一）所言，包括在本書所收錄的聖傳之中：

當貝瑪．林巴抵達〔河〕畔，一股暈頭轉向的強烈感覺立即湧現，他脫下衣服，縱身跳入水中。水底有個叫作「吉祥長穴」（帕吉．普靈）的地方，有一座眞人大小的導師像。在塑像的左邊，堆疊著很多只犀牛皮匣。一位穿著絳紅袍衣的獨眼婦人，從中拿了一只伏藏匣給他，其中含有《普賢佛母界明意萃》一文。後來他不知怎地就被推回崖上，便和朋友們一起在午夜時分回返。他還以寶藏加持了父母等人。[64]

在這段記述中，貝瑪．林巴進入了一種恍惚的狀態，還遇見一位空行母——獨眼女子，將伏藏篋交給他。這位空行母可能就代表了伏藏的守護者，曾被任命要確保唯有合適的人，才能取出伏藏篋。請留意伏藏在此的神聖地位，伏藏被視爲具有力量的舍利遺物，立即能用來加持他人。對於公開的伏藏而言，尤其如此。在這類情況中，群眾聚集在一起見證取藏，之後伏藏師會以伏藏篋觸碰民眾的頭頂，而給予加持。

接下來的階段是要譯解密文和理解伏藏內容，這時，過去生世的記憶與更多的淨觀會一起出現。爲了譯解符號密文，伏藏師會私下開啓篋盒，而裡面有著一卷書寫符號密文的黃紙。據說符號密文是爲了喚起對蓮花生大士在王朝時期所予教授和灌頂的記憶，而當時，伏藏師的前世曾是蓮花生大士的弟子。爲了解開秘密的符號文字，伏藏師也許會需要一只鑰匙或其他兆示

㊷關於取藏過程的詳細敘述，特別是其諭令的儀式條件，參見東杜祖古的《*Hidden Teachings of Tibet*》（1986）（中譯版：《舊譯寧瑪派伏藏教法源流》）。有些特點包括了伏藏師與伏藏守護者的適切互動，透過預備修法和使用替代物來取代寶藏等方式，安撫他們。若未依照合適的協議來履行這類預先擬定的儀式活動或憑單上所給的指示，咸認將會招致守護神祇的忿怒而造成疾病、雹害或其他種類的災難。

㊸Tshewang 1995: 48。

㊹取自《信心之花：略述貝瑪．林巴的轉世源流》。參見第一章。貝瑪．林巴自己對這個事件的記述可參見《貝林伏藏法》第十四函：60。

的幫助。一旦伏藏被譯解且繕寫，在將伏藏內容公諸於世之前，伏藏師往往需要經過一段等待期，兼或進行長期的閉關。在這個階段，貝瑪．林巴持續透過淨觀而接受更進一步的引導。現代不丹學者和國家圖書館前館長貝瑪．策旺如此敘述貝瑪．林巴接受這些教育的過程：

某晚在袞桑林的住處，貝瑪．林巴正在考量自己該如何主持接下來的法會，他知道自己沒有任何跳金剛舞的經驗，也不清楚那些跳舞時要做的唱誦和手印。在這個時候，他睡著了，還做了一個沒做過的夢。蓮師的空行道伴耶喜．措嘉身著衛藏地區的服飾向他顯現。她說：「貝瑪．林巴，要像這樣唱誦。」然後便唱誦了每一個篇章。接著她說：「要像這樣做跳舞之前的祈請加持」，然後便示範了五空行母的舞蹈。他醒來後，心中的夢境仍歷歷如繪，於是他將這些記錄下來，逐步示範給弟子們看；今日的不丹，依然保有這些[65]。

我們在此可以見到，淨觀的覺受被描述爲伏藏師宗教訓練的一部份，在取藏後準備傳揚伏藏的過程中，對貝瑪．林巴給予指導。而給予他指導的並非別人，正是耶喜．措嘉本人，這就明顯地宣告了他和王朝時期人物的直接關聯。在此，伏藏師被描述爲不具超凡才能或特殊準備以傳揚伏藏的人，並且進而強調他和蓮花生大士與耶喜．措嘉之間特別親近和持續不斷的關係。

從貝瑪．林巴第一次取藏的記述中，我們可以見到一種模式的出現。透過幻景，或者從過去的伏藏封藏處，會有預言指南提供實際位置和儀式方面的指示，接著貝瑪．林巴依照指南中的指示，間或在取藏時會陷入一種出神的狀態。更多的淨觀會在取出伏藏篋的時候出現，對象是伏藏的守護者，且通常是一位空行母。在鑰匙的幫助下，過去生世的記憶被用來譯解符號密文。最後，再用淨觀方面的幫助來理解伏藏的內容，譬如在前面的例子中，是由耶喜．措嘉本人提供協助。在所有不同的階段中，伏藏師都被描繪成一個看來平凡卻受到命運之手引導的人。

在「金剛岩」的取藏，展現了交織著淨觀和人性兩層面的伏藏師自我表象。如同其他例子，這次的取藏也受到夢的驅使，並發生在恍惚的狀態中。貝瑪．林巴在夢中受命要立刻前去取出伏藏，之後便毫不費力地在出神的狀態中攀上懸崖[66]。這描繪出他事業生涯中淨觀的一

---

[65] Tshewang 1995: 47。

[66] Tshewang 1995: 52：《貝林伏藏法》第十四函：245—248。

面：在命定的諭令下，受到召喚而去取藏，並藉由神奇本領履行了這項職責。然而，貝瑪・林巴略帶幽默地展現了較爲人性的一面，他和讀者分享說，在他下到峭壁途中的時候，手上還拿著伏藏，卻從出神狀態中醒了過來，因而卡在高處而動彈不得。於是，幾位弟子必須接住伏藏，並且幫助他從懸崖的剩餘部份爬下。這是一則用奇蹟語氣記錄下來的清晰例子，展示出貝瑪・林巴轉化力量後的一連串事件。事件的催化劑是一場夢境，神奇本領則隨著恍惚而來。離開出神狀態之後，他表現出自己回歸到平凡人受限制的狀態。透過對淨觀和人性的相陳並列，貝瑪・林巴傳達出一種特別的天賦和命運，同時又呈現出他不過是在廣大籌謀中的一個工具而已。

在伏藏傳統更爲寬廣的神通架構中，淨觀經驗是個重要的組成要素。貝瑪・林巴記錄了數量眾多的夢境，而他在這些夢中，於淨觀的行旅中親見蓮花生大士[67]。此外，我們也不該忽略取藏時刻的神通性質：一只含有古老紙卷（或佛像、法器）的篋盒，據稱是從一面陡峭的岩壁中所取出。淨觀和神通都暗示著對實相的特殊理解。其中，淨觀提供了途徑，以通往更高境界的眞理，在取藏時刻，則取出了不朽智慧的實質寄存物。在兩種狀況中，都發生了暫時性的交集：現在的某一個人接觸到超越時間的某個東西。這類接觸有賴於伏藏師的特殊能力，以作爲超越世間和與生俱來兩者之間的媒介。

在伏藏文典中往往會描寫到，一般人對某人所宣稱的神通感到懷疑，而要求大眾仔細審查以確認這些宣稱是否屬實。貝瑪．林巴在他的一生當中也遇到一些毀謗者，其中有很多人，日後都因爲親眼見到某部伏藏的取出而受到轉化，故而認同了他的事業。貝瑪．林巴至少在兩個場合中，曾遭受公眾的測試，而且如同我們之後將會見到的，他也尋求當時重要宗教人士的證實。對於貝瑪．林巴是否具有正統性的某些主要挑戰，乃來自於當地的統治者，這或許是因爲，具有領袖魅力的人士可能會捕獲群眾的忠誠，以致讓他們感到有所威脅。

在貝瑪．林巴宣稱自己是伏藏師之後，首次的公開測試、也是他最出名的一次取藏，便緊接在他第一次的取藏之後，地點則同樣是接近他家鄉的棠河渦流之中。此處到現在仍然是個受人朝拜的聖地，由於那次測試的超凡過程，使得當地後來便以「美巴措」或「燃燈湖」之稱而聞名。貝瑪．策旺的敘述具有全文引用的價值：

㊼貝瑪．林巴在一部日誌中記錄下他的夢和淨觀，這部日誌出現在他著作全集中的一篇獨立文章內：〈Mnal lam dag snang gi skor rnams phyogs gcig tu sdebs pa〉（《貝林伏藏法》第十三函：3—57）。這些接連發生的淨觀是由弟子嘉華．敦祝編入他的自傳中。關於這個增添編入，參見 Aris 1988b: 18, 53。若想閱讀貝瑪．林巴對夢境和淨觀的記述——其中有些淨觀是關於親見蓮花生大士的，可參閱 Aris 1988b: 53—63。

當〔貝瑪．林巴下一次取藏的〕時間到來時，消息傳開，確廓地區的首長聚集了一大群人在河邊的岩石上。圖巴對貝瑪．林巴說：「如果你能取出這部伏藏，我會獎勵你，但是如果沒有取出，你就會因爲在我的轄地內進行詐欺而受到處罰。」這位聖者因而感受到來自首長和當地百姓的極大壓力，必須要證明自己。於是，他站在漩渦水流上方的納靈札岩上，向〔蓮花生大士〕上師高聲呼喊：「如果我確實是您伏藏的取出者，那麼願我現在將能帶著伏藏返回，而且手上的燈依然還在燃燒；如果我是某種邪魔，那麼願我死在水裡！」他以此祈願，手持著點燃的松脂燈，縱身躍入了燃燈湖中。

群眾中有些人對自己說，他是因爲羞愧而跳進河裡，有些人則對他的父親說，如今他的兒子想必已經溺死。他的父母開始哀泣，圖巴也大感震驚，爲他所扮演的角色感到羞愧，於是對貝瑪．林巴的父母說道：「這是我的錯，我會好好補償你們的。」

但就在他這麼說的時候，貝瑪．林巴從下方的水面躍出，一隻手上拿著仍在燃燒的燈，另一隻手則帶著一個拳頭大小的佛像和上下交合顱骨所製的伏藏篋。他彷彿有著翅膀，就這麼站在人們身旁，並再次立於岩上。

這次事件之後，人們對他不再懷疑，他有了很多的信徒，名聲也開始傳揚，並且不只是不丹，還遍佈了西藏各地[68]。

這一段所描述的是許多取藏曾有的公開見證習俗，以及把神通視爲伏藏師能操控自然現象之證明的文化脈絡，在此，操控的證明是由火焰能在水中維持來作爲象徵[69]。基於有很多人相信他的神奇能力，貝瑪．林巴因而贏得了廣大的信眾。他的支持者包括了當地的政治人物，以及他那個時代的重要宗教人士。

另一次測試是在洛札的拉隆地區❸，就在苿塘北方的西藏南部，當時貝瑪．林巴並未被預先通知，就被要求立刻取出一部伏藏。首長囊叟．嘉華出示一份授記指南給他看，要求他當場取出伏藏。貝瑪．林巴被迫換上一條借來的褲子，以確保他不會變出什麼騙人的花招。然後他被人沿著岩壁垂下，前去取出一只伏藏篋，其中存放著《鐵髮馬頭明王》，而他也因此讓所有

---

[68] Tshewang 1995: 48。

[69] 無形象生的存在，是西藏和喜馬拉雅山區宇宙觀的一部份，而伏藏傳統運用了佛教成份和佛教傳入前這個宇宙觀的元素。確保只有命定的取藏者才能接觸伏藏的藏守護者，被視為由蓮花生大士降伏而轉變成佛教徒的地方神靈。伏藏師也被視為具有能命令地域的無形力量，這被認為是佛教聖者領袖魅力威能的一部份。

❸ 拉隆，今西藏自治區山南地區洛扎縣扎日鄉內。

的觀看者都轉變爲他事業的支持者。囊叟．嘉華成爲他最忠實的施主，貝瑪．林巴後來的轉世一直都在洛札的拉隆保有一個法座，直到這個世紀依然如此。

當貝瑪．林巴博得政治人物的支持後，他們都會變成重要的施主。不只讓貝瑪．林巴方便進行宗教活動而有助他的名望，還命令貝瑪．林巴作爲代表而干預一些事情。在眾多的場合中，貝瑪．林巴常受命斡旋世俗的事務，並且修法以保護鄰近地區不受中央西藏一次又一次的政治支配。在世俗紛爭中，他爲一些當地領袖和施主擔任調停者的角色，至少有一次的地方衝突是與當今不丹西部有關⑳。此外，拉隆地區的各任首長，都曾要求他防止中央西藏勢力的軍事威脅，且使用的方法種類眾多，包括密續的迴遮法會㉑。

當時，向貝瑪．林巴求取法教和灌頂的眾人之中，有一次的會面尤爲突出。這是在貝瑪．林巴的自傳中，唯一請求他人確認其伏藏師身份的一次。一五〇三年，貝瑪．林巴受邀前去住在該時代最重要的上師處，這位上師就是第七世噶瑪巴確札．嘉措（西元一四五〇年至一五〇六年），他不僅爲藏傳佛教噶瑪噶舉派的領袖，而且也與當時控制中央西藏、具有大勢力的林彭大臣們結盟。當他們第一次會面時，貝瑪．林巴請噶瑪巴評判他到底是騙子還是眞正的伏藏師，他說道：「有些人說我是騙徒，有些人則說我是魔鬼的化身。我自己心裡相信，我所成就的是蓮師的事業。現在，珍貴的怙主，由於您是遍知的佛，您必定能明確說出我到底是屬於哪一種[72]。」噶瑪巴默然不語。然而，在往後的日子中，確札．嘉措請求接受貝瑪．林巴全部伏藏法的灌頂，之後並提議要一起前往拉薩。當貝瑪．林巴因爲家鄉還有職責而加以婉拒時，噶瑪巴在送行的時候賜予了大量的贈禮。[73]

本次的交流具有重大的意義：噶瑪巴的沉默代表了什麼？就我們的論題而言，這足夠讓我們注意到，貝瑪．林巴在世的時候就已經獲得了盛名，因而確札．嘉措才會邀請他前去會面，之後還接受他伏藏法的灌頂。因此，雖然貝瑪．林巴的事業活動主要是區域性的，但他的名聲也同時越過了苯塘和洛札的邊界，引起西藏中部主要宗教人士的興趣。在他死後的一個世紀之內，格魯派領袖五世達賴喇嘛拿旺．洛桑．嘉措（一六一七—一六八二年）執掌政治權力時，也同樣請求領受貝瑪．林巴伏藏法的灌頂。無論是在貝瑪．林巴或日後轉世的時代，都有當朝

---

⑩ Aris 1988b: 68。
⑪ Aris 1988b: 70—71。
⑫《貝林伏藏法》（*Pad gling ger chos*），十四函：293。
⑬ Tshewang 1995: 67。

的政治人物想要求取他的伏藏灌頂，這不僅說明了貝瑪．林巴伏藏文集中所含儀式、教授的重要性，也說明了伏藏師作爲宗教身份認同焦點的重要性。

貝瑪．林巴在不丹的傳奇地位

貝瑪．林巴對於苯塘宗教遺產和文化遺產的貢獻，豐富了這個獨立區域的身份認同。除了再次傳揚蓮花生大士的傳奇之外，他還因取出眾多伏藏而不斷提醒著大眾蓮花生大士在不丹土地上的事業活動，從而滋育了苯塘的遺產。貝瑪．林巴對當地神祇的指揮號令，以及在苯塘各山谷遍地都取出伏藏的名聲，更加深了他根植於自己出生地的連結。他運用眾多施主的慷慨捐獻，重造當地衰敗的寺廟，並建立新興的寺院，包括唐興和昆桑札[74]。他的傳承繼任者延續了這項工作，如今作爲貝瑪．林巴不丹法座的崗頂寺，已擁有二十多所附屬的機構[75]。

在貝瑪．林巴的年代，他所主持的法會曾吸引數千人從周邊地區前來。第八世貝林宋都所著的傳記便指出，貝瑪．林巴的追隨者總數高達一萬兩千人。到了貝瑪．林巴的生命後期，他在唐興寺的年度慶典已成長爲具有「地區聚會的規模和功能」[76]。由於喜馬拉雅山區的人口稀疏，個人、團體都經常必須行走很遠的路，才能參加這類大規模的宗教集會，這使得苿塘成爲了宗教生活的中心。因此，貝瑪．林巴宗教活動其區域性影響的一個重大特點，便是它所帶來的社群形成。

貝瑪．林巴的宗教傳統，經由代表他身、語、意的三個轉世傳承而一直傳揚至今[77]。意化

---

⑭關於建立唐興寺的研究，參見 Yoshiro Imaeda 與 Francoise Pommaret 的《*Le monastère de gTam zhing*（*Tamshing*）*au* Bhoutan central》, Arts Asiatiques 42（1987）: 19—30。亦參見 Michael Aris《*The Tample-Palace of gTam-gzhing as Described by its Founder*》（唐興寺的殿堂：依創建者所述，尚無中譯版），Arts Asiatiques 43（1988）: 33—34。

⑮最近，在棠谷的中心位置，正在建造一所尼院。樹立在其上方，位於山坡上的，是紀念貝瑪．林巴誕生地的私人佛堂，以及昆桑札在懸崖邊壯觀的閉關中心。

⑯Aris 1988b: 91。

⑰源於西藏噶瑪巴世系的祖古系統，是在寺院機構中維續某位聖人宗教傳統的方式之一。在韋伯的用語中，這被稱作「職責魅力」，是一種儀式性的方法，將一位聖人的神聖力量世代相傳而下（Weber 1978: 248）。瑞金納德．雷（Reginald Ray）如下總結了這個過程：「對於祖古傳統而言，其核心就是『直系傳承』的觀念，認為祖古是過去的一位菩薩，他⑴已經轉世，⑵已被找到，⑶已被重新安立在他前任的政教位置或法座上」（Ray 1986: 44）。以貝瑪．林巴的情況來說，家族和轉世這兩個世系，經常在繼承交接時相互交疊。例如，艾里斯引述說，至少有五位貝林．宋都的轉世出生在貝瑪．林巴的家族中，也就是紐氏之中（Aris 1994: 20）。崗頂祖古向我澄清說，語化身被認為是直接的直傳轉世，而意化身和身化身被認為是化現。

身（音譯爲「圖瑟」）來自他的兒子達瓦・嘉岑，或稱作圖瑟・達瓦。據說貝瑪・林巴在他臨終前，從床上坐起，口誦咒字「啊」三次，在那時候，「他的心舍利，一位綠松石色的女孩，融入他的心子達瓦之中」。這位不丹聖人在他廣博的教學生涯之後，於西元一五二一年離開了這個世界⑦⑧。達瓦・嘉岑依據預言，找到了貝瑪・林巴的直接轉世，也就是名爲滇津・札巴的貝林・宋都，尋得的地點是在不丹西部的一處山谷，亦即現在崗頂寺所座落的地方。崗頂祖古如此敘述他自己前世——身化身的故事：

第一位崗頂祖古貝瑪・欽列的母親是貝瑪・林巴的媳婦，也就是兒子圖瑟・達瓦的妻子。在她懷孕的時候，圖瑟・達瓦因爲自己已然年老且即將往生，於是囑託滇津・札巴代爲照顧。圖瑟・達瓦知道妻子已有身孕，而且孩子就在他臨終之前出生了。但是滇津・札巴並不知情（而將嬰兒當作親生的小孩來撫養），這就是爲什麼會有人說，貝瑪・欽列是圖瑟・達瓦和滇津・札巴兩人共同的孩子。當男孩出生時，並沒有被認爲是貝瑪・林巴的身化身，而是被稱作蓮花生大士和貝瑪・林巴兩人的善巧事業化身，因此命名爲貝瑪・欽列（蓮花之事業）。基於蓮花生大士的一則預言，後來才以身、語、意的轉世而著稱。⑦⑨

這三個轉世世系都傳延至今，名號分別是圖瑟、宋都、崗頂。（參見附錄甲關於這三個轉世直系的編年名單。）宋都仁波切被認為是貝瑪．林巴的直接轉世，而圖瑟和崗頂世系則為化身。

貝瑪．林巴的繼承人，無論是宗教法脈或世襲血脈，對於新興的不丹國家都具有長遠重大的影響。源自貝瑪．林巴的轉世世系，很快就受到拉薩和廷布新貴權力的討好。在當年建立了今日不丹的人，霞仲．拿旺．南嘉，是一位從西藏流亡而來的竹巴噶舉喇嘛，由於曾有一次烏鴉南飛至安全處的淨觀，而在廷布建立了政治勢力。他把自己的新家命名為「竹域」（不丹王國），意思是「雷龍之地」，並且謀求今日不丹東、西部的統一。在這段期間內，五世達賴喇嘛在拉薩的新任政府曾多次進攻稍具雛型的竹域，主要是攻擊霞仲位於西部的根據地。而當時，拉薩和廷布都爭相博取對苯塘的影響力。⑳

⑱引自《信心之花：略述貝瑪．林巴的轉世源流》。參見第一章。

⑲個人訪談，苯塘，二〇〇一年五月三十日。莎拉．哈定翻譯。

⑳約翰．阿爾杜西（John Ardussi）提出，「西藏官員更想爭取不丹東部寧瑪派人士的支持，部份原因是為了對抗拿旺．南嘉在西部的政府」（個人信件）。確實，五世達賴喇嘛本人對貝瑪．林巴的伏藏產生興趣，並且獲得其中數個灌頂。六世達賴喇嘛倉央嘉措（1683—1706）是從紐氏家族中所認證出來的，這很可能摻雜想要更進一步博取貝瑪．林巴後裔權貴對拉薩同情的意圖。

爲了統一國家，霞仲的新任治理僧團用盡一切方法想要保障黑山以東地區的忠誠。第一世崗頂祖古受到霞仲本人的熱情款待，而他的繼位者滇津．雷貝．敦祝（一六四五—一七二六年）也在竹巴政府中獲得了足夠的影響力，貝瑪．林巴的教法因而收錄於國家寺院課程之中[81]。無疑地，新任政府見識到傳揚本土聖人傳奇的利益。貝瑪．林巴所撰的諸多金剛舞被集結成《貝林．德羌姆》，而成爲在普納卡和廷布主要由國家贊助的節慶中，不可或缺的部份。此外，爲了表示東西雙方的結合，竹巴政府做出了相當象徵性的舉動，將貝瑪．林巴的身舍利（即「古棟」）遷移到普納卡堡，接著是首都，現在停駐於首都，和建國者霞仲的舍利相陳並列，且其「至今仍是受人禮敬的最高對象」[82]。

貝瑪．林巴在紐氏家族的後人成爲了新興貴族，並於不丹統一的過程中，扮演著關鍵性的角色[83]。他們取代了許多原先的家族，而這些家族擁有可上溯至西藏王族的譜系，且對入侵的西藏軍隊感到同情。這些新貴迅速獲得地方和中央階層的政府職位[84]。不丹東部和西部之間的持續緊張情勢，打造了貝瑪．林巴後人的福運。隨著竹巴政府對不丹的控制在十九世紀轉弱，地方首長或彭洛的勢力增長，而成爲實際的統治者。權力基礎被劃分在東西軸線的兩邊，分布在帕羅和充薩的彭洛身上。充薩的彭洛是世襲職位，由貝瑪．林巴後裔的一個家庭所持有。另一方面，帕羅的彭洛具有印度和西藏之間優渥貿易路線的優勢，缺點則是各個家族之間的爭權奪利[85]。在東西之間的權力平衡中，當充薩的彭洛鄔堅．旺秋協助榮赫鵬遠征（或譯作楊赫斯本的遠征）並介入西元一九〇五年的《英藏條約》[4]之後，原本平衡的局勢發生了變化[86]。現今的君主政體是由鄔堅．旺秋在西元一九〇七年所建立，其保持了貝瑪．林巴在不丹登峰造極的傳奇。

---

[81] Aris 1988b: 105。

[82] Aris 1979: 165。

[83] 參見 Aris 1988a，《*New Light on an Old Clan of Bhutan: The sMyos-rabs of Bla-ma hSang-nags*》（不丹舊族的新興明燈，尚無中譯版）。

[84] 關於在霞仲．拿旺．南嘉統一不丹之後，紐氏於此期間的快速興起，詳情可參見 Aris 1988a。

[85] Rose 1977: 32。

[4] 指《中英續訂藏印條約》，一九〇五年在印度加爾各答開始談判，一九〇六年在北京簽訂。

[86] 支持西藏政府對抗英國人的帕羅彭洛，很快就被替換成鄔堅．旺秋的支持者，而充薩彭洛，即鄔堅．旺秋，則獲頒一項英國頭銜。為了獲得保有穩定緩衝國的利益，英國人支持了鄔堅．旺秋爵士企圖再次統一不丹的努力（Rose 1977: 34）。

寶海上師

本書所翻譯的大多數教文都選自貝瑪・林巴最爲複雜多樣的伏藏法《寶海上師》[87]。這部教法佔了貝瑪・林巴極厚文獻全集中的頭兩函，文獻全集的名稱是《貝瑪・林巴大師深奧伏藏教法寶集》[88]。整部文集以二十一函的文典呈現出多樣化的文體，其中包括十四部主要的伏藏法[89]，以及這位伏藏師和後來大師們的「一般性」著述[90]。《寶海上師》反映出類似整部文集的基本排列：以先前所討論的預言、聖傳、歷史等三種記敘文作開始，接著是一系列的教文，其餘部分則是法會儀式方面的文章。

---

[87] 除了《信心之花：略述貝瑪・林巴的轉世源流》（《貝林伏藏法》第十四函：511—600）是由第八世貝林・宋都所著以外，其他五篇譯文都是《寶海上師》中的文章，分別是：〈Lha lcam oada gsal gyi zhus lan gser gyi yang zhun〉（《貝林伏藏法》第1函：289—352）、〈Lha lcam khrom pa rgyan gyi zhus lan〉（1: 353—70）、〈Slob dpon nam mkha'i snying po dang lha lcam rdo rje mtsho'i zhus lan〉（1: 371—94）、〈Gu ru'i dmar khrid don gyi snying po〉（1: 637—48）、〈Lo rgyus stong thun dang bcas pa nor bu'i phreng ba〉（1: 395—429）。

[88]《*Rig 'dzin padma gling pa yi zab gter chos mdzod rin po che*》。（參見附錄乙。）這份文集是從崗頂寺所保存的抄本複製而成，由不丹的太皇太后所資助，經過偉大的寧瑪上師敦珠仁波切所編輯，一九七五年在廷布由昆桑・陀給

（Kunsang Tobgay）出版。另有一個兩冊版的《寶海上師》，是一九八四年由 Druk Sherig Press 在廷布出版，源自苯塘的鄔金．闕林寺所保存的一份抄本。貝瑪．林巴伏藏有一份較小的文集是由拿旺．陀給所出版（Delhi: Mujib Offset Press, 1977），其乃基於尼泊爾瑪囊的一份珍稀抄本。這一套包括三部法：《伏魔金剛手》、《明空秘密精要》、《寶海上師》。出於金．史密斯（Gene Smith）的努力和克里斯．湯霖森（Chris Tomlinson）的慷慨捐助，貝瑪．林巴伏藏全集的電子掃描版可在 www.tbrc.org 取得。在崗頂祖古所發起的一項計劃中，此文集也正在進行電子輸入。

⑧⑨ 蔣貢．康楚在他的《百位伏藏師傳記》中著有貝瑪．林巴的簡傳，其中列出了以下的十四部主要伏藏教法：⑴ Rdzogs chen klong gsal gyi skor，⑵ Rdzogs chen kun bzang dgongs 'dus，⑶ Rdzogs chen gnyis med rgyud bu chung gi skor，⑷ Bla ma nor bu rgya mtsho，⑸ Thugs rje chen po mun sel sgron me，⑹ Bka' brgyad thugs kyi me long，⑺ Phur pa spu gri，⑻ Bdud rtsi sman grub kyi skor,〔Bka' phur sman gsum 總結了先前的三部〕，⑼ Phyag rdor dregs 'dul dang gtum chung，⑽ Drag po che 'bring chung gsum，⑾ Tshe khrid rdo rje phreng ba，⑿ Tshe sgrub nor bu lam khyer，⒀ Nag po skor gsum，⒁ Las phran gyi skor。這份名單也可在敦珠仁波切一九九一中找到。

⑨⓪ 伏藏法文集是由某特定伏藏師所取出文章的選集，也可能收錄伏藏師自己的著作，嚴格而言，後者並非伏藏，其他大師有關這個傳統的補充性素材也非伏藏。伏藏被認為是蓮花生大士的教法，會被放在文集最開始的部份，指出它們的崇高地位。接著是貝瑪．林巴的一般性著作，由三函組成：⑴貝瑪．林巴一般性文章的文集，在第十三函；⑵貝瑪．林巴的自傳，在第十四函；⑶《寶海上師》的補充，在第二十函；主要是由貝瑪．林巴所著。由他之後轉世所撰的儀式布置安排，被放在文集後面的一函中（第十九函）。此函的文章大部分是由第六世貝林．宋都：昆桑．滇貝．嘉岑，以及第八世貝林．宋都：昆桑．德欽．多傑所著。在文集最末，還有關於法會物件的一函（第十八函），是由當前文集的編訂者敦珠仁波切所著，這些是對幾部貝瑪．林巴伏藏的儀式解說。令人感到好奇的是，蓮花生大士聖傳（第二十一函）也收錄在文集的最末，或許此文一開始是獨立流通，後來才被加入文集之中。

《寶海上師》的個別文章大致依照其體裁而分類，出現的順序則反映出重要價值的高低等級[91]。最先是記敘文，接著是對不同主題的一連串開示，以王朝時期的對話爲形式。這反映出人們對於明確以蓮花生大士爲主人翁的文章具有崇敬。一系列的密續灌頂與成就法，包括這套教法的根本文、阿底瑜伽灌頂[92]，佔據了這套教法的中心位置。最後，則是一系列饒富深意的世俗儀式，包括煙供、開光勝住儀式、葬禮儀式和降雨的教授[93]。這些儀式最有可能會由一位喇嘛代表在家人而舉行。它們被放在伏藏法系的最後，這反映出在價值等級上，雖然世俗儀式是宗教生活的一個重要部份，但並不如密續灌頂與成就法一樣受到高度敬重，這是因爲，後者所求取的目標乃是證悟。

《寶海上師》收錄了在王朝時期所發生的一系列師徒對答，其中的四段對答在本書可見到翻譯。蓮花生大士所親炙的人物包括王室成員，例如牟底王子和蓮花明公主。依照承襲自佛經的印度模式，在西藏和喜馬拉雅山區的佛教文獻形式中，教文往往也以對答的形式出現。弟子的問題激發了飽學上師的教學演說。在後面的對話中，其中三場的導師都是蓮花生大士，而他的著名弟子南開．寧波則是另一場對話的導師。這些對答式的教學，無論是作爲修學、誦讀或口訣的基礎，都再次強化了這些伏藏身份的預言特質。蓮花生大士對其主要學生的直接教授於對談中重現，並從表示實現願望的面向，把遙遠的過去帶到讀者或觀眾的現在。

在第二章中，蓮花生大士和蓮花明公主的對話明確強調了預言。藉此，讀者對於極度需要伏藏師來振興宗教的暗世描述中得到某些體會。蓮花明接受了完整範疇的教授：皈依和發菩提心、獻曼達、金剛薩埵淨化、上師相應法等前行，生起次第和圓滿次第等主要密續修行，以及立斷和頓超等高階的大圓滿教法。在這修行引導的期間，蓮花明表達了對她未來生世預言的強烈興趣，特別是關於她最後會在茅塘而生為名叫貝瑪（貝瑪．林巴）的那一生。與鄔金林巴文

⑼對於伏藏傳統中的文章體裁，珍奈特．嘉措有兩份重要的研究：⑴《*Genre, Authorship, and Transmission in Visionary Buddhism: The Literary Traditions of Thang-stong rGyal-po*》（1992）（唐東嘉波文獻傳承的類型、著述與傳續，尚無中譯版）；⑵《*Drawn from the Tibetan Treasury: The gTer ma Literature*》（1996）（取材自西藏文獻的伏藏文典，尚無中譯版）。

⑽《寶海上師》的根本文是一部阿底瑜伽法，即大圓滿灌頂：（《貝林伏藏法》第一函：41—45）。康楚在他的《大寶伏藏》化身上師成就法篇內，還收錄了這套教法另一篇重要的文章：《*Bla ma sprul sku'i sgrub pa 'od zer phreng ba*》（《貝林伏藏法》第一函：301—312）。

⑾這份名單的最後一篇文章，被收錄在蔣貢．康楚的《大寶伏藏》中，歸類在「增長莊稼」的類別內。此文的名稱是「漢地水輪：降雨教授」（《貝林伏藏法》第二函：857—75）。

集中的概括性預言不同，貝瑪．林巴文集的這些預言更為明確，還提到了伏藏師傳記的細節和數量眾多的弟子名稱。其他王朝時期所發生的對話，僅僅暗示了伏藏師於蓮花生大士的教法有特別管道，而蓮花明公主所參與的對答，則透過預言式的語言指出，在伏藏師與伏藏法之間具有直接的連結。

《寶海上師》中作為代表的多位女性弟子，令人感到震驚。作為本書所譯三場對話的中心人物，她們道出了女性在追求密續修行時的顧慮，而且頗為詳細地述說了其中的內涵。例如第三章的那一場對話，創芭．堅公主向蓮花生大士求取教授，其中提到了關於婚後職責的一連串憂傷。我們無法確知她所悲歎的細節有多少是在反映該特定時代的真正社會情況。然而，女性的憂慮能經由美化而引發一位年輕公主生起斷絕世俗生活的想法，並在貝瑪．林巴的文集中受到嚴謹的對待，卻有著重大的意義。蓮花生大士的回答頗為詳細地承認了她的悲慘境遇，並以此強調，她的珍貴人生不應該浪費在筋疲力盡地侍奉壞脾氣的丈夫上。我們在此發現了對於女性的明確鼓勵，想要激發她們拋棄傳統的角色，進而投入於修道的追求。

《寶海上師》中的這些對話，也許反應了在伏藏傳統中，對女性人物較為廣泛的珍視[94]。身為蓮花生大士主要道伴和弟子的耶喜．措嘉，扮演著一個樞要的角色，因為伏藏文是由她所繕寫和封藏的。此外，屬於女性神祇的空行母，則擔當了數個重要的職能：作爲伏藏的守護者、作爲伏藏師在淨觀中的領路人和指導者，並且作爲伏藏教法中密續儀式的焦點[95]。在續典中，女性本身更爲普遍地被珍視爲空行母的親身體現，明妃的角色亦受到相同的塑造。大上師的明妃在他們的社會環境中，普遍受到禮敬，而伏藏傳統也經常強調需要依靠一位明妃[96]。擔任這個角色的女性，雖然爲了追求修道而逃離婚姻的束縛，但卻仍然處於異性關係之中，並且仰賴

---

⑭ 佛教續典中的女性角色，在西方學者中引發了各式各樣的反應。關於不同的見解，參見安妮·克萊恩（Anne Klein）的《*Meeting the Great Bliss Queen*》（1995）（遇見大樂之后，尚無中譯版）、茱迪斯·西摩爾—布朗（Judith Simmer-Brown）的《*Dakini's Warm Breath*》（2001）（空行的溫熱氣息，尚無中譯版）、米蘭達·蕭（Miranda Shaw）的《*Passionate Enlightenment*》（1994）（熱切的證悟，尚無中譯版）、瓊恩·坎貝爾（June Campbell）的《*Traveller in Space*》（1996）（天空中的行旅者，尚無中譯版）等等。

⑮ 關於對伏藏傳統中空行母角色的探討，參見嘉措（Gyatso 1998）的《*The Dakini Talks: On Gender, Language and the Secret Autobiographer*》（空行之言：論及性別、語言和秘密自傳的寫作者，尚無中譯版）和西摩爾—布朗（Simmer-Brown 2001）的《*Protectors of the Tantric Teachings*》（密續法教的守護者，尚無中譯版）。

⑯ 關於在雙身瑜伽修行中女性角色的不同看法，參見 Shaw 1994 和 Campbell 1996。

著男性的威權。這個示例可以在第四章多傑・措公主的故事中見到。在這示例中，女性主人翁爲了陪伴上師南開・寧波進行閉關而在半夜逃離自家和家人。在這敘述的過程當中，她一度懷疑自己的選擇是否正確，但是最終堅持下來，並且獲得證悟。

伏藏傳統對於女性人物的重視，並非沒有模稜兩可的地方。在對話中，這些女性弟子全都臻得證悟，如此來說，女性的修道潛能確實受到了肯定。然而，預言文字有時會描寫到，當女性具有較高社會地位時，便是黑暗時代的徵兆。此外，受生爲女性很明顯地被說成是充滿了艱難。例如，創芭・堅公主明言希望投生爲男性，這在佛教文獻中是一個常見的講法。就某種程度而言，這也許代表了對社會境況的認知，承認女性的確較難獲得修道的機會。抗拒婚姻是佛教女性聖傳中的常見主題，而對獨居女禪修士受到性騷擾等等的障礙，在最早的佛教女性聖傳中便曾講述[97]。無論是用神話式或歷史性的語言作描述，女性的修道潛能和其所面對的外在障礙，都是佛教文獻中持續出現的議題。

在貝瑪・林巴文集的其他伏藏法中，再也找不到別的伏藏像《寶海上師》一樣，收錄了這麼多的對話，並且有這麼多元的體裁。的確，伏藏法並沒有標準的形式或是內容，每一部伏藏法都包含一套獨特的教文組合[98]。然而，貝瑪・林巴文集中絕大多數的內容都是儀式。在文集

⑰例如，在《長老尼偈》（*Therigatha*）中，蘇巴受到一位「仰慕者」的追求，直到她為他上了一堂關於美貌無常的可畏課程為止，而其方法是挖出她自己的眼睛。對《長老尼偈》的翻譯有：Andrew Schelling 和 Anne Waldman 的《*Songs of the Sons and Daughters of Buddha*》（Boston: Shambhala Publications, 1996）（佛陀子女之歌，尚無中譯版）；Kathryn Blackstone 的《*Women in the Footsteps of the Buddha: Struggle for Liberation in the Therigatha*》（Richmond: Curzon Press, 1998）（追隨佛陀腳步的女性：長老尼偈中對解脫的奮力求取，尚無中譯版）；C. A. F. Rhys-Davids 的 《*Psalms of the Early Buddhists I: Psalms of the Sisters*》（London: Pali Text Society and Oxford University Press, 1948）（對早期佛教徒的讚美詩篇之一：對佛教姊妹的讚頌，尚無中譯版）。對佛教早期尼師的初步研究，是由 Horner 1930 所進行。也可參閱 Ray 1994 的《*Saints of the Theragatha and Therigatha*》（長老偈和長老尼偈中的聖者，尚無中譯版）。

⑱每一部伏藏法都包括一組教文，並安放在某個特殊地點的同一收藏處。最小的一部法僅僅是一篇文章，而最大的是《寶海上師》，包括超過一百篇文章。貝瑪．林巴的部分伏藏，其體裁的範圍相當侷限。例如，貝瑪．林巴文集中有三部阿底瑜伽法，其中一部是《心髓幼子續》（*The Small Child Tantra of the Innermost Essence*），包含了密續和論釋。伏藏法通常包括不同種類的體裁，以一個主要儀式為中心，或是結合而圍繞在較廣的統一主題。例如，《大悲觀音闇盡明燈》是以單一本尊觀音菩薩為主的多元體裁所構成。然而，貝瑪．林巴的大多數伏藏法都和《寶海上師》一樣，具有相同的基本特質：開頭是敘述文和教文，中間是灌頂和儀軌，最後則有各式各樣的世俗儀式。

中，大多數伏藏是與瑪哈瑜伽續[99]有關的灌頂和儀軌，還有三部重要的阿底瑜伽法[100]。總體而言，這部文集是由一則前後一貫的預言式訊息所架構而成，並且包含了記述、教授、儀式的融合，某程度反映著許多教法中所能找到的共通結構[101]。

貝瑪．林巴的伏藏文集呈現出一個多面相的文體，可滿足僧俗二眾弟子此興旺僧團的各式各樣宗教需求。即使到今日，貝瑪．林巴的伏藏依然是他三個轉世世系所舉辦法會和宗教教學的基礎。這些法會儀式包括授權人們進入此傳承所必需的典禮，以及個人禪修儀軌和眾多世俗儀式的儀軌。因此，在貝瑪．林巴傳承中，這個文集是弟子進行宗教修持的首要基礎。如今，貝瑪．林巴所創立的宗教團體受到數千名佛教徒的追隨，在不丹境內和境外都有信眾。數個世紀以來，貝瑪．林巴伏藏文集的持續受到使用和擴增，證明了這位不丹聖者的宗教傳統歷久不衰的重要性。

99 貝瑪．林巴文集中，大多數伏藏法都包含與瑪哈瑜伽有關的灌頂和儀軌，並依據《八大法行》排列。這種對瑪哈瑜伽的強調，反映出伏藏傳統的共通趨勢。如同珍奈特．嘉措所指出，蔣貢．康楚的《大寶伏藏》絕大部分是由瑪哈瑜伽續的文章所組成（參見 Gyatso 1996）。

100 每一部阿底瑜伽法都有不同的側重點，而在某種程度上來說，三部一起便具有一套教法的功用。在它們的內部目錄中，每一部都被描述為以特定體裁為主，分別是：教學、灌頂、密續。《普賢密意總集》強調的是教學指導，也含有靜忿本尊的灌頂和對進階瑜伽主題的秘密訣竅。《明空秘密精要》的第一函幾乎全都是灌頂；被埋藏在文集背後的第二函則含括種類有趣的散文，包括對神足通的教言、防魔、秘境的指南。《幼子續》整函都是由密續和灌頂所構成，與《寧瑪十萬續》的重要部份《大圓滿無上密十七續》（《寧瑪十萬續》的第九函和第十函）有關。這部法被認為是一部「重新取出」的伏藏（再伏藏），原先是由喜饒．梅巴伏藏師所取出。

101 整體來說，該文集呈現了記述、教授、儀式的融合。有的伏藏法以教授為主，有的伏藏法則主要是儀式。此外，有兩函全都是敘事：一函收錄了蓮花生大士的詳傳，另一函收錄了貝瑪．林巴的自傳，接著是他之後轉世的簡傳。在文集的最後，則是補充材料、儀式講解和儀典安排。

1

信心之花
略述貝瑪・林巴的轉世源流①

第八世宋都仁波切　著

大悲神妙之月光，
能啓千瓣善德蓮。
具信頂禮蓮花源，
圓滿斷證二德尊。②

育諸勝眾通佛語，
化爲湖生展佛行，
聖福公主蓮花光。
業緣願力風馬引，
圓滿四相之妙力。
法身無垢廣袤空，
綻放十萬大悲光，
持明蓮花洲之中，③
啓百瓣蓮深奧藏。

此為父子相傳的承襲，包括我所頂禮的頂嚴寶，以及無瑕秋月壇城為眾多待調伏眾所現起、如湖水〔倒影〕的不斷聖妙轉世，皆屬其中。若要講述這些，是講不完的，但因一些具福者的請求，所以我略述其中一部份的故事。它們不受詩學、語言學、辭藻所礙④，不受顛倒的穢垢所染，乃是從三信心的浴池中生起，這些殊勝密意的故事，是最美麗神聖的花朵。

第二佛、吉祥的鄔迪亞納大師，這位至上的湖生金剛⑤對眾多生生世世的不斷化現賜予加

①取自《貝林伏藏法》，Pha函：511—558，八世貝林．宋都撰。參見附錄乙。

②佛陀的兩大功德特質：斷除一切煩惱障和所知障（觀念上的障礙），並且了證一切可知事物的自性和範疇，或說是得到對本體和現象的了解。

③這首詩包含貝瑪．林巴先前數個轉世的名稱。在此，「湖生」就是妙音天女，是諸化身的本體或基礎。「蓮花光公主」是蓮花明，「業緣」和「妙力」合在一起，是貝瑪．楞遮匝這位化身。「無垢廣袤空」和光芒（音譯為「沃瑟」）指的是龍欽．饒絳．直美．沃瑟，而「蓮花洲」是貝瑪．林巴的字面意義。以下是這些轉世的故事。

④詩學包括詩意隱喻和聲韻；語言學是字彙和文法；辭藻是這裡提到的第三類，都是次要學問（小明）的組成部份。

⑤這些是對蓮花生大士的隱喻。蓮花生大士在八世紀來到喜馬拉雅山區，是貝瑪．林巴所有伏藏教法的根源。他也被稱作貝瑪、蓮花源或貝瑪卡惹、蓮師或咕汝仁波切，或簡單稱作「上師」。鄔迪亞納（Oddiyana；舊譯「鄔丈那」）是他所來自的地方，藏文對這個地方的用字「鄔金」，也經常被用來當作他的名號。在這些情況下，我會維持使用藏文，而若是指地方，則會使用「鄔迪亞納」。

持，並且授權他們延續調伏眾生的佛行事業。我將簡短講述這位無庸置疑的化身大伏藏師、佛法之王、持明貝瑪．林巴各相繼生世的歷史事蹟。之所以會這麼做，首先，是因爲有些人對此感到興趣而做出請求。其次，是因爲未來世代的佛法傳承持有人，大多都不會再意樂於閱讀長篇的傳記，爲了確保他們能有易於了解的傳承歷史，所以我作此短文。

在法界實相中，在離於戲論的本淨廣空中，本覺智慧具有六種的獨特功德⑥，覺醒而顯現爲普賢王如來⑦的本質。在其本自的妙力中，佛身和佛智超越了結合或分離，且從未偏離此境界。但爲了讓那些需要被調伏者能有所感知，而現作如幻的化身，有如在水中遊舞的月亮倒影。

《大方廣佛華嚴經》云：

雖然已經全然證得覺醒海，
但爲無餘成熟有情眾生海，
因而顯露此一菩提心大海，
並且恆常示現永續事業海。
如此即爲眾善逝之所化現。⑧

這位偉大的持明者亦如是。他往昔是圓滿的阿彌陀佛；現在是曾來到北方世界的佛陀——勝燈幡佛；未來彌勒降臨時，則會在蓮花淨土成就圓滿正覺，名號金剛藏佛，並現爲勝者金剛樂后，成爲佛教和非佛教宗派都崇敬禮拜的對象。

他確實是一切勝者及其法嗣光輝會眾的攝政⑨，雖然其迷妄受生的業力輪轉已永遠滅絕，然而只要一有需要，就會展現淨與不淨的接連受生，以便對那些待調伏者示現。但是，我們必須將其視爲智慧的幻現。雖然以我們這些凡人的觀點，並無法抉擇這類事情的性質，不過我還是會簡短講述，在此地北方普爾嘉（西藏）⑩的九區之地，一些極爲著名的化身之出世緣起。

---

⑥六種功德依據《龍欽寧體智慧上師》（*Klong chen snying thig ; ye shes bla ma*）69a頁，分別如下：⑴自始即超越愚癡基礎的慧觀；⑵法性熾盛；⑶明辨個別或個人洞見的細節；⑷解脫入智慧界；⑸它的果不依於其他條件；⑹融為不可思議直接法性的自性。這六種功德一起被稱作本初解脫的大次第。

⑦普賢王如來，「一切賢善」或是「一向賢善」的意思。是對原始佛，即覺醒本質的名稱。普賢王佛母，為其女性的樣貌。

⑧善逝，梵文 sugata，即已經前去或是來到大樂者，就是佛。

⑨也就是說，本為妙音天女的貝瑪．林巴，乃是一切佛菩薩化身的基礎。（崗頂祖古仁波切的口授闡釋。）

⑩普爾嘉是西藏的古名。依據羌札．達斯（Chandra Das）的說法，有些人相信它的意思是冥國（「普爾」是死者，「嘉」是王國的意思），因為中陰是位於喜馬拉雅山下的某個地方。對這個詞，西藏的故事是說：直固．贊普王定都於普沃札，他被稱作普王，最後逐漸演變成西藏的現代名稱：博德。

蓮花明公主

由於在教法前弘時期於嘉絨．喀秀佛塔[11]前的發願力，因此出現了蓮花明公主這位轉世，她是君主藏巴．拉宜．美朵[12]和王妃蔣秋．卓之女。五歲時，她的宿昔根器便已覺醒。她以極爲出眾的信心才智，與來自鄔迪亞納的第二佛結緣，並獲得許多內、外密咒（金剛乘）的神聖教法。特別是，她獲得了《寶海》、《普賢密意總集》、《闇盡明燈》……等心要修行，也就是關於上師、圓滿、大悲的教授[13]。她直接證得赤裸的本明淨智，並且是鄔金大師展現大樂智慧的事業手印[14]。

蓮花明公主於八歲之時，因寄生蟲感染而不時深受痢疾之苦，後來在青埔往生。鄔金大師及伊喜．措嘉持著放有甚深教文的伏藏文匣置於她的頭上，祈願並授記她在未來的某一世能擔責而取出一百零八部的意伏藏[15]。

瑞瑪．桑傑．祺

在此之後的一世爲明覺女桑傑．祺，誕生在西藏中部的下部札區。當宿習再次顯現時，她即出家受戒。其後，怙主娘·讓·尼瑪·沃瑟⑯納她為修道密友。當她證得了深奧道時，其證量等同怙主本人。

⑪嘉絨·喀秀佛塔，即尼泊爾加德滿都博達納地區的大佛塔。故事是說有一位養雞的婦人和她的四個兒子為了利益眾生而承擔起資助並建造佛塔的工作。雖然她在佛塔完成之前就已經往生，但是四個兒子實踐了她的心願，完成佛塔的建造，並將由這項工作所來的功德作迴向。每個兒子都發願，為了佛法要投生在西藏。在這個時候，最小的兒子揮手要趕走一隻叮他的蚊子，卻不小心把蚊子打死了。然而他為這隻蚊子做了深切的祈願，祈禱牠會投生為西藏的佛教徒公主。這四個兒子後來投生為赤松德贊王、寂護、蓮花生大士、雅隆王，蚊子則轉生為蓮花明公主。引自凱斯·道曼（Keith Dowman）的《大佛塔傳奇》（*The Legend of the Great Stupa*）（Berkeley: Dharma Publishing, 1973）。

⑫君主藏巴·拉宜·美朵，「天神之梵花」，是西藏偉大法王赤松德贊（755—797）在接受《八大法行》灌頂時所獲得的密名，那時他的花朵落在千秋的區域，也指出未來他會成為拉宜·美朵佛。

⑬上師、圓滿、大悲的教授指的是三大類別的教授，之前所提到的三部教法分別屬於這三類：《寶海上師》是蓮花生大士的上師相應法；《普賢密意總集》是關於大圓滿的教授；《大悲觀音闇盡明燈》是關於大悲（觀音）的教授。

⑭事業手印，字面意義是「事業活動的手勢」，通常是指續部的雙運修行。有人則說，因為蓮花明在八歲時就已過世，所以這可理解為代表她對上師所作的一般侍奉。

⑮意伏藏，在這裡是指為了進行心意修行所取出的伏藏，而不是直接從心意中取出的意伏藏。

⑯怙主娘·〔讓·〕尼瑪·沃瑟，1137—1204或1124—1192，是五伏藏王中的第一位。

覺姆・貝瑪・卓

其後的清淨轉世爲覺姆・貝瑪・卓，於猴年誕生在拉達克⑰・奇仲東北部的鵲熱登，是祖爾巴・桑傑喇嘛的女兒。她成爲化身大伏藏師咕汝・確吉・旺秋⑱的秘密事業印侶。拉達克的桑珠・德瓦千波寺及其內部的收藏設置，都是在她的諭敕下所興建的。她育有一子，名爲貝瑪・旺千，以及一女，名爲桑傑・昆卓。她具有眞如實相自性的慧觀，爲教法和有情眾生成就了無量善德。

大密咒師仁欽・札巴

大密咒師仁欽・札巴誕生在約茹⑲的充薩，出身於密咒師的家族。他師從雅爾傑之鄔金・林巴⑳，修持《鐵髮馬頭明王》和《大圓滿貝瑪寧體》，曾親見本尊七次，證得煖位，成爲具有神通力的大成就者。

貝瑪・楞遮匝

帕崗巴・仁欽・祖鐸，或名祖古・貝瑪・楞遮匝㉑，母鐵兔年㉒誕生在朵波地區的錦平原靠近寇若崖之處，出身於日興的釀氏家族。年少時，他的宿根便已再次覺醒，學識通達廣博。

---

⑰拉達克是西藏南部洛札地區某處的地名，靠近不丹邊境。

⑱咕汝・確吉・旺秋（1212—1273），是五伏藏王中的第二位。他和娘・讓・尼瑪・沃瑟（參見注釋⑯）一起被稱作日月雙尊，他們所取出的伏藏稱為「上下伏藏」。

⑲約茹是中藏的一個地區，在拉薩南邊。（中譯註：吐蕃時期所設置的地名。約茹為左翼地區之意，含今山南地區全部地方、林芝地區部分地方。）

⑳雅爾傑（Yarje）之鄔金・林巴（約 1323—1360），也是生在約茹，是取出眾多伏藏的伏藏師。

㉑帕崗巴・仁欽・祖多和貝瑪・楞遮匝有時候被認為是同一人，有時候則認為楞遮匝是帕崗巴的轉世（祖古）。依據崗頂祖古仁波切的說法，他們其實是兩位轉世，只是被視為同一人，因為這兩位的取藏，必須要分開計算，才能達到伏藏所被授記的取出數目。亦可參見敦珠仁波切（Dudjom Rinpoche, 1991, 1: 582）。

㉒母鐵兔年是一二三一年或一二九一年，較可能是後者，因為據說他與噶瑪巴・讓炯・多傑（1284—1339）是同年代的人。然而，漢藏大字典和敦珠仁波切（1991—2: 427）都說，貝瑪・楞遮匝出生在一二四八年，這和他生平中的其他年代日期非常相符。

他受到一則貝瑪授記的啓發，在二十三歲、水牛年通惹月二十六日時，從靠近黨隆・創莫崖北方的一株單幹松樹中，取出能即生成佛的深奧教法，稱作《空行心髓》，那是偉大鄔金證悟密意的究竟體悟，有如滿願之寶。他還取出《上師總集輪》、《伏魔金剛手》、《馬頭明王三尊法》、《封閻魔口》。在盧莫・塔東麥・投瓦，他取出《狂猛星曜毒刃》；從瑟普拉惹的岩崖，他取出《赤面星曜》，以及《紅眼屠夫》。從鄧地的阿修石崖，他尋得《忿怒獅面母與普巴》法，以及很多其他的深奧寶藏，例如《大力威能風索》等等。他成爲東部伏藏㉓教法的偉大怙主。

楞遮匝曾前往紮日、雅隆和桑耶。在桑耶的青埔，金剛瑜伽母召喚他前往拉薩，他如是前去。法王噶瑪巴・讓炯・多傑向他恭敬禮拜，獻上自己的頭髮作爲供養，獲得了深奧伏藏的傳授，並如同承事其主要上師那般地承事貝瑪・楞遮匝。楞遮匝在直區錦平原的寇惹一地，修持了七個月的成就法，並且將完整的《空行心髓》灌頂、口傳和其他教法授予秀本的雷巴・嘉岑。他在下部尼雅的瑟傑布姆巴，與伏藏師仁欽・林巴結緣，授予其漢地的黑龜石之鑰，並授記此法的取出。

當吉祥緣起如授記所言般匯聚時，楞遮匝宣告他必須立即前往卡惹克高原。然而，由於他錯將一位作障魔女當成眞實的空行母，他的壽命因而減損。二十九歲時，他在尼雅匝的邊界，對兒子雷巴王子和另兩人說：「要完好無損地保存我的伏藏教法。五年之後，我將出生於中藏的上部札區，父親名爲滇巴，母親名爲索南，我會是他們的兒子。經由修持這全部的教法，將能成就有情眾生的利益。到時我會再見到你們大家。」

說完了這些話之後，他的色身便消融於實相的虛空中。

袞千確吉嘉波・直美沃瑟・巴桑波〔龍欽巴〕

（遍知法王・無垢光・善妙）❶

㉓這是將伏藏劃分為東南西北中的一種分類方式。東部伏藏包括貝瑪・楞遮匝和桑傑・林巴（1340—1369）的伏藏。參見東杜（Thongdup）1986: 115 與 245, n.166。

❶「遍知法王・無垢光・善妙」是「袞千確吉嘉波・直美沃瑟・巴桑波」的意譯，即指龍欽巴尊者。

在《應成根本續》中，普賢金剛之語說：

精要教法的持有者，在授記序列的最末，

其後將由慧（洛卓）[24]所持有。

「慧」一名，意指無礙了知一切可知的事物，能夠透過言辭、聲音爲媒介，全然清晰地傳法。

龍欽・饒絳・直美・沃瑟，土猴年（西元一三〇八年）誕生在約茹地區札谷的透仲村，出身於持有教法傳承的年郎氏族，該氏族乃嘉華・秋揚[25]的後裔。他的母親是卓氏的索南・堅。他一出世即確實受到南竹・日瑪蒂[26]的保護；天生具有信心、悲心以及其他的功德能力。五歲時，只要看到書寫的文字，就可明瞭其義。他仔細思惟了從父親那裡所習得的所有佛法。當他在札期山谷的宗度寺[27]誦讀兩萬五千頌和八千頌的《般若經》一百遍之後，就能明白一切的語義。十二歲時，他在桑耶由桑竹・仁欽堪布授戒出家，獲得法名祖慶・洛卓（戒慧）。他學習《毗那耶》（律藏），並就此著有一部新的論釋，成爲了一位聞名的學者。

他在桑普・紐拓[28]依止岑貢巴大師[29]，以及特別是拉帳巴・確巴・嘉岑與有「第二法稱」

之號的索奴．仁欽，從他們那裡聽聞般若和因明的所有經典與論釋。他四處遊方而參訪了通曉經學和因明諸多課題的各個佛學院，對於經藏、釋論、心性的開示等，都能夠無礙地全然精通。他的聲明遠揚，受到眾人推崇，而成為舉世無雙的偉大學者，被稱作「來自桑耶而具有眾多傳承的人」。

此外，龍欽巴從不具新、舊宗派成見的二十多位上師處，領受了新、舊密咒乘兼具的灌頂和

㉔這是關於直美．沃瑟，即龍欽．饒絳（1308—1363）出世的授記。此處的名字洛卓，意思是「善慧」或「才智」，基本上就是聰明的意思。在他所獲得的諸多名號中，便包括了洛卓．秋和祖慶．洛卓。

㉕嘉華．秋揚，是蓮花生大士的二十五大弟子之一，也是西藏最先出家的七位僧人之一，他們被稱作「七預試」。

㉖南竹是佛教星象學中二十八星宿的第二十六星宿：仙女星座，其他名稱包括搜外．拉嫫（意即「療癒天女」）或日娃蒂。而「日瑪蒂」是女性護法吉祥天女（音譯為「巴登拉嫫」）或瑪哈噶哩的另一名稱，她可能與這個星座有關。

㉗札期山谷，是距離西藏南部札囊縣札塘東邊數英哩的一個地方。宗度．措巴的薩迦寺依然屹立於此（Dorje 1999: 168—169）。（中譯註：屬今日西藏自治區山南地區札囊縣札期鄉。）

㉘桑普．紐拓，是俄．雷貝．喜饒於一〇七三年為研習因明所建的大講經院，他也在這裡首次從阿底峽處獲得剃度。經院座落在奇曲河南岸，聶塘南方，翁昌都的北方。（參見 Dorje 1999: 155）

㉙岑貢巴大師或岑貢巴洛本，是桑普隆陀的第十五位法座持有者。下一位提到的拉帳巴是第十六位法座持有者。

解說，這些上師包括仁欽．札西、索奴．嘉波、龐洛．千波、索奴．敦祝、亭瑪．桑傑．札、噶瑪巴．讓炯．多傑、薩迦巴．達尼．千波等等大師。他研習並精通一切領域的學識，包括經、咒二部眾多大小經典的教釋方法，以及音樂、作文、醫藥、星象等等，因而他獲得了外、內教典的遍智。

在桑普，龍欽．饒絳進行啟明智慧的本尊修持，例如不動明王、妙音天女、亥母等法，並親見本尊面容。最讓人驚歎的是，妙音天女將他置於自己的掌中，讓他整整七日都見到須彌山和四大洲，並由此而掌控了無礙的慧力。

由於龍欽．饒絳對康區僧職體系的貪瞋感到厭惡，便在西藏中部嘉瑪地區修道大師秋拉的岩洞閉了八個月的黑關[30]，並證得了三摩地。才五個月過去，在某個清晨破曉時，就有一位美麗無比的智慧聖女出現在他眼前，將自己的寶冠賜予他，並且保證他會不斷地獲得加持和力量。

二十七歲時，他依據本尊授記，前往雅爾透羌[31]高地，會見偉大的持明者庫瑪拉匝。在接受諸多一般的灌頂、教學，特別是聽聞無上密法的實修覺證論釋之後，他以大無畏的勇氣將其全部付諸實修，無論遭遇到任何的食、衣、住、行困境，都不退縮。他證得大圓滿的最高相：無偏證悟觀[32]。

在青埔等與世隔絕之處，他經年累月地堅定修習深奧的實修道，嚴格持戒，從不違犯身、語、意的三昧耶。有時他會前往上師處，以確定自己的禪修覺受種種。對於他在禪修和見地兩方面的煖兆、學識方面的融會貫通、承事與尊敬等等，上師都極爲歡喜，於是他被立爲攝政，受託而成爲教法的持有者。

他曾親見眾多的本尊：在青埔有暗紅色亥母、靜忿上師、俱七百二十五眷眾之巴千㉝、金剛薩埵、馬頭明王、度母等等。瑪貢等諸護法向他顯現自己的眞實形相，立誓幫助成就他的佛行事業。特別是星曜神羅睺羅，承諾絕不傷害其傳承的持有者，並且立誓作爲他的僕役。爲了表示歸順，羅睺羅還將自己的印璽給他，其上刻有稱作「大力紅滇」的時輪金剛咒、羅睺羅的名字和成就法門，並獻上自己的命力等。龍欽·饒絳和空行母討論佛法就像是和普通人講話一般。在拉薩，當他向大昭寺覺沃佛作供養時，光芒從佛像眉間的白毫處放射而融入他的身中，

㉚黑關是一種與世隔絕的閉關，完全斷除一切光源，而修習特定的觀想。

㉛雅爾透羌是分立奇曲河和藏布江的山。

㉜無偏證悟觀（unbiased enlightened perspective），藏文拼音 rdzogs pa chen po rang snang ris med kyi dgongs pa，對於是色或是空，沒有偏見或傾向，完全不具二元的概念。

㉝巴千嘿汝嘎，意譯為「大德嘿汝嘎」，亦稱作揚達嘿汝嘎。

讓他清楚地見到王舍城靈鷲山與于闐的景緻，憶起他前世身爲班智達時所具有的學問。

在卡尼．苟希，瑪奇．拉吉．準瑪[34]以智慧身照看他，並傳下近傳承的「斷法」。由於命力母以供養一函經典作爲表示手印，並且基於化身眾的請求，他在青埔的日莫阡紅崖，將《空行心髓》的灌頂和解說授予一些具福的弟子，並且獲得鄔金和伊喜．措嘉分別賜予直美．沃瑟（無垢光）和多傑．思吉（光榮金剛）之名。一群又一群的具誓者，例如吉咒護法，還有特別是金剛亥母，揭示了教法的要義。曾有人說，他在化現爲楞遮匝之後，於報身界雲遊了一陣子，即是指此一時期。

他享有無量的幻相妙觀，例如秘密授記等，如同在《光網》[35]中所解釋的那般。依據妙音天女五姊妹天女的授記，他從青埔的一根柱子基部取出《大圓滿．普賢密意總集》的部分教法。他受到玉燈女的鼓勵，前往白顱雪山的鄔金宗，並在那裡，於很短的時間內完成了《空行精髓．如意寶》[36]的編輯，還獲得了持明空行母的首肯。此外，他的大部分著作，例如《三仰體》、《三自解脫》、《三休息》、《七寶藏》等等，都是在此處所著。自此以後，他就不斷生起任運顯現的明相和本尊的授記會面。他的身體可以在空中、山巒、峭壁中無礙穿行。僅以隻言片語，即可說服那些具有分別心的人。隨著其心意證量的勝解，他以金剛語一再講述《七寶藏》等教法，令這些教法得受人付諸實修。

當他在拉靈崖修持文武百尊法時，靜忿壇城於空中現起，在場的所有人都目睹了整個顯現。龍欽巴並獲得授記，要他重建衛茹❷的霞寺。在嘉瑪地區，他以經量和因明擊敗了眾多自以為是的學者。他受到貢巴．昆林巴㊲的邀請而到了直貢，貢巴．昆林巴促成了重建寺廟的賢

㉞瑪姬．拉吉．準瑪（或稱「瑪姬．拉準」），即「拉準唯一母」，是十一至十二世紀的偉大西藏瑜伽女，斷法（意思是「斷境」，通稱為「施身法」）傳承的主要根源。關於她的生平故事和教法，參見哈定（Harding 2003）。

㉟《光網》，即龍欽巴的《境相寶光網》。

㊱《空行仰體．如意寶》。這看似綜合了兩部教文的名字。依據敦珠仁波切一九九一，龍欽巴將《空行心髓》發展成他自己的意伏藏《空行精髓》或稱《空行仰體》，加上《上師仰體》和《甚深仰體》，一起精簡為《三仰體》。《精髓．如意寶》或稱作《上師仰體》是龍欽巴依據《無垢友心髓》（中譯註：即《毘瑪寧體》）所發展而出（1: 580—88和2: 51）。

❷吐蕃時期，西藏本土設置了五個稱為「茹」、一個稱為「赤德」的行政軍事區域，即衛茹、約茹、葉茹、茹拉、松巴茹和象雄赤德。

㊲貢巴．昆林巴。這位直貢巴的上師被視為當時帕莫竹巴掌權大司徒．蔣秋．嘉岑的敵人。龍欽巴和此人的關係致使他流亡不丹數十年，在這段期間內，他建立了許多大寺廟和法教。然而，如下所述，龍欽巴和蔣秋．嘉岑還是保持了某些關係。

善緣起，並將卓．鄔金的寺廟供養給他，龍欽．饒絳則以教法作爲回贈並培育他。在霞寺主殿後方，他取出黃金，以及永寧地母㊳、金剛善（多傑．雷巴）㊴等成就法。具誓護法金剛善還神妙地化現爲戴著青松石耳環的男孩，協助興建寺廟。當土石掘出之時，出現了一些惡顱，正當它們要被再次鎮壓的時候，土石如雨的幻相伴隨著（如地震般的）「土芎」之聲，大肆作祟，同時狂風大作，一片黑暗好似黃昏，使得侍從們畏懼不已。龍欽巴以堅毅的身姿，口誦忿怒之咒，並用頓足之勢平息了所有的邪祟。這時落下了有兩塊長岩，人們用盡一切方法都無法抬起，但是龍欽巴藉由眞實語之力和特別的接引手印，將這兩塊岩石瞬間豎起。在進行開光聖住之時，龍欽．饒絳本人現爲普賢王如來，心中放光，每一道光芒的末端都有諸佛和菩薩，祂們遍滿虛空，拋撒花朵，宣說著吉祥之語。彌勒怙主親現，並對他賜予這個授記：「再過兩個生世之後，你將會成爲蓮花淨土的勝燈幡佛。」

猴月初十，蓮師父母在五部空行的環繞下，前來賜予加持。在秀投．帝卓，空行母祈請他前往苯塘。他在那裡舉行了一次酬懺法會，神妙地前往人跡未至的國度樹立法幢。在秀瑟，他見到薩迦和帕莫竹巴將起紛爭的兆示㊵，思忖自己最好前往苯塘。在拉薩，他遭到雅隆軍隊的威脅，於是神奇地隱身不見。那一晚，他向覺沃佛祈請。當他睡在路旁的一間屋子裡時，見到頭上天空有覺沃的身相放射光芒，無數的佛陀菩薩賜予加持，眾多的具誓護法立誓承事。喀日的二十一艮彥護法等眾前來迎接他，拉達克的曼塘大堪布根敦·恰達·隆珠恭敬獻供，並藉由《秘密心髓》之深道和其他教法而獲得成熟。

當龍欽巴遊訪至南方的不丹時，建立了所謂的「八林寺」：巴普榮的塔爾巴林、辛卡爾的德千林、棠的鄔金林、庫瑞特的袞桑林、年隆的哲羌林、廓塘的貝瑪林㊶、門洛的袞桑林，以及帕羅的桑滇林。他在所有的蠻夷邊地都給予灌頂、解說、發菩提心的教導等等，讓佛法的明燈爲所有具福者照耀出解脫之道。

㊳永寧地母是土地的女性保護神，通常是十二位。

㊴金剛善（梵文 Vajrasadhu），即「多雷」（Dorlek）或黨干·多傑·雷巴，是世間的護法，被蓮師降伏而成為侍者，騎著一頭受誓言所縛的獅子。

㊵指薩迦和帕莫竹巴教派或家族間的衝突，以及直貢噶舉和噶瑪噶舉之間的紛爭，此時在西藏屬於教派分裂的時代，他們各自爭奪權力，龍欽巴也不可避免而捲入其中。雅隆軍隊是帕莫竹巴的軍隊。

㊶貝瑪林，有時作仁欽林。

如同在《心髓金鬘對話》㊷中所言，龍欽．饒絳主要居住在苿塘附近的塔爾巴林，密修道侶是奇巴雅。他們育有二子，小兒子爲馬頭明王的化身，名叫蔣揚．札巴．沃瑟，後來成爲舉世無雙的學者和修行者。龍欽巴在塔爾巴林的臥室裡隱藏了一些密法，例如〔他之前取出的〕《普賢密意總集》等法。他又再次前往洛札，授予《秘密心髓》的灌頂和解說，並將教法託付給拉達克的拉隆大堪布，以及在場的一千人眾。爲了回報羊卓之多傑．嘉岑的盛大供養，他獨獨將《寧體》授予五十位具福者，並爲聚集在彼處的眾人廣轉法輪。大司徒．蔣秋．嘉岑㊸對龍欽巴的學識、證量、佛行事業生起信心，在葉爾波的政府那裡，以極大的禮敬作了長期供養，兩千人因而獲得灌頂和解說，並對他的大智慧感到驚歎，將自己的虔敬供養給這位「無盡的廣空」，於是他以龍欽．繞絳之名而廣傳人間。

在西藏中部的約茹，他興建了三處個所：福地的蔣定、裕定、裴定。薩迦派的吉祥上師㊹和桑普的札桑皆曾來信，他也如法地予以回覆，由此激發了他們的虔敬信和歡喜信，於是他們稱他作「遍知法主」，這個名副其實的名號從此就一直跟隨著他。在拉薩，眾多僧團的成員以莊嚴的隊伍迎接他的到來。有半個月的時間，他駐錫於拉薩和小昭寺之間㊺的一個高立法座上，所轉的法輪包括發菩提心等諸多課題。許多來自桑普、楚布、德的自傲學者，對他的經量和因明素養感到徹底折服，因而建立起信心。他對各派的佛學院和閉關中心供養土地和所依物，於是大幅增長了福德的資糧。他將這些全都迴向給教法和眾生，作爲利益安樂的增上因。

在秀瑟，他對一千名具福者授予成熟解脫的大圓滿。在上部衛茹的喀瓦日，司徒・釋迦・桑波㊻向他致敬。在一次結夏安居的期間，包括堪布、戒師、權貴人士等的三千人眾前來，他授予這些人「光明金剛藏」㊼的灌頂和教學，並以實際物品使他們感到心滿意足，且不依循收受請法供養的習俗。他並未浪費這些信心之物，而是將其中的三分之二用於初十的供養，三分之一用於與會者的立即生活所需。他只對僧伽行禮，而不在意自己於重要人士跟前的顏面。無

㊷《心髓金鬘對話》是《空行心髓》法中的一篇教文。

㊸大司徒・蔣秋・嘉岑（1302—1373），是帕莫竹巴家族和宗派政治力量的奠立者，由他治理了一段時期。參見注釋㊲。

㊹薩迦派的吉祥上師，索南・嘉岑（Sönam Gyaltsen）。龍欽巴的回覆被稱作《祈願：金燈》。

㊺小昭寺是拉薩最古老的寺廟之一，由松贊干布的中國王妃所建。〔中譯註：即文成公主；全名「甲達熱木齊祖拉康」，意為「漢虎神變寺」。〕

㊻司徒・釋迦・桑波是西藏中部拉薩北邊、上部衛茹地區的萬戶長。

㊼「光明金剛藏」是「大圓滿」、「佐欽」的同義詞，特別是指大圓滿的竅訣部。

論施主給予多少東西，他都不會因此加以偏愛，而當貧窮謙卑的人對他供養時，即使對於最微不足道的禮物，他也會展現出同等的喜悅，並且迴向祝禱。如此，於他自在的一生當中，從未有任何事情是基於世間八法而做出抉擇。

一日，他在完整傳授了利益他人的百力不共教法和其他教法之後，要求索巴卡王子寫下他最後的遺教。當這兩部名爲《無垢光》和《諸心滴法遺教要訣明鏡》的遺教完成之後，他說：「現在，不要再流連忘返了，貝瑪．楞遮匝，去獲取無死的大樂寶座吧！」接著，他在圓滿傳法的薈供輪期間，以如下的教喻勸告追隨者：「如今，我們師徒已然轉動法輪並圓滿了薈供輪，於此足矣。你們大家，請放下對此生的貪執，納取來自深奧道的安住大樂藏。」

當他在霞寺行供養時，對大眾給予開示，期間降下了花雨。在前往桑耶的路上，嘉瑪的施主成爲他的追隨者。到了青埔時，他說到：「喔，這就像是印度的寒林屍陀林，我寧願死在這裡，也不要到其他的地方投生。我會在此處留下這個虛幻的意身。」他對聚集該地的許多人群，授予極密的灌頂和教學，以及數日的講解，直到初十六。然後，他以五十六歲之齡，於水兔年（一三六三年）勝利月第十八日，就「法身看式」的姿勢而入滅。

托卡爾

其後的一世，出生在塔爾巴林東邊一個叫作朵瑪登的地方，成爲貝瑪·恰和妻子拉奇·桑嫫的兒子，名爲托卡爾。在他七歲的時候，想要從鄰居的田裡偷取豆子，卻有一塊石頭砸來，打到他的頭上，因而死去。接下來有二十五年的人類時間，他都駐於妙拂洲的吉祥山上，和蓮師在一起。最後上師說：「孩子，不要留在這裡。你必須與瞻部世界的另一個受生結緣⑱，從事我深奧伏藏的工作，爲眾生做大事。」於是他按照這個心願，顯現爲幻妙的化身。

持明·貝瑪·林巴伏藏王

如同在諸多確實可靠的伏藏中所述，例如在他自己伏藏的秘密授記中便說到：鐵馬年（西元一四五〇年）春季正月或虎月初十五的滿月日，在勝利星座⑲之下，貝瑪·林巴出生於不丹

⑱藏文拼音 nying mtshams sbyor ba，特殊用語，指神識進入父精母血的結合之中而成胎。

⑲勝利星座，即巨蟹座 d 星（Delta Cancri）。

苯塘確廓中部地區伽婁的巴日嶂。父親紐騰．敦祝．桑波來自光明的紐氏[50]，母親是卓嫫．貝瑪．卓[51]。在他出生的時候，三個太陽在天空照耀，花如雨降，彩虹的光團四處繚繞。其後有很長的一段時間，虹彩日夜圍繞著母子二人。許多的勇父、空行向他供養淨水，並與他一同唱歌、跳舞、嬉遊，此外還出現其他這類不可思議的神妙徵象。他被命名為巴久，從小就與身為鐵匠的祖父雍登．蔣秋、祖母敦祝．桑嫫尼師一起住在瑪尼寺[52]。多爾陵．圖瑟．秋英[53]有一次說：「鐵匠啊，你的這個男孩將會對教法和眾生有莫大的利益。」即使是在年幼嬉遊時，他就會坐在法座上，假裝給予灌頂和教學，並且吟誦咒語、跳金剛舞、聚集隨眾、打禪入定……等，總之，就是做一些大多數小孩子不會做的事情。在那些時候，他會在堅硬的石頭上留下手足的印跡，彷彿石頭是用泥巴做的一樣；到現在，人們都還能見到這些印跡。他向來不會聽從父母或別人的話，而是修持密續之行，對當下發生的一切作出瞬即的反應。大家都稱他為「完成己意的喜劇之王」。

從九歲開始，他自然理解各種工藝而無需費力，這些工藝包括打鐵、編織地毯、石刻、裁縫，以及閱讀和寫作。秋滇巴喇嘛邀請他到自己位於日莫阡[54]的處所，因此他有一段時間待在那裡，但是由於祖父的臨終遺言，所以他返回了瑪尼寺。在這段期間，他做了一個夢，夢中他和許多空行母、勇父一起在屍陀林修行密法。在抵達須彌山的頂峰時，他清楚地觀見世界和其中的有情。眾多的妙兆爲他現起，例如日月落入他的掌中，於是他將日月塞入自己的外套兜袋。

特別是，火猴年（西元一四七六年）秋季初月的初十，那時他住在一座寺院裡，於陷入懷鄉的沉思中，一人獨自走入森林中尋找蘑菇。由於他一個也沒找到，於是回返，在寺院前方的一所殿堂邊打盹。就在這時，他聽到一聲：「起來工作了！」於是他四處張望，看到旁邊站著一位衣衫襤褸的和尚。和尚問了他很多話之後，便交給他一筒紙卷，說到：「仔細瞧瞧，並且

㊿紐氏是古代不丹最重要的氏族之一，據信是天神的後裔，因此有「光明」的稱號。

○51是放牧犛牛或遊牧部落的女子。敦珠仁波切一九九一（1: 796）將她的名字寫作崇瑪．巴薩歐姆，而策旺（Tshewang 1995: 40）則作貝瑪．準瑪。

○52依據貝瑪．策旺等人（Padma Tshewang et al. 1995），其遺址在苯塘地區伽婁的昆桑札下方的森林中。

○53亦稱作多傑．林巴伏藏師（1346—1406）。

○54日莫阡是棠谷的條紋崖或十字崖，有時也被拼寫為 tag ri mo can，意思是「虎紋的」。現在有一座建立在岩石上的寺廟，位於距離苯塘步行數小時之處。貝瑪．林巴在此處取出了幾部的伏藏。

給我一點食物。」[55]貝瑪．林巴進入寺院，準備了食物，再走出來要呼喚和尚時，卻發現他已不知去向。他看了看紙卷，上面寫著：「本月的滿月之夜，在你山谷底部一個叫作長鼻崖（納靈．札）的地方，有著你命中註定的財寶。帶著五位友人，到那裡取出。」他回到家中，把紙卷拿給父母和德謝尼師端看，並解釋了情況。父親說：「這是假的。」但尼師說：「從前，相同的事情也曾發生在惹納．林巴的身上，我們如何知道，這到底是怎麼一回事？」大致而言，他們並不相信此事。

到了滿月的夜晚，貝瑪．林巴說服五位友人和他一起前去。他們心不甘、情不願地，假裝要先去棠西壁牽一頭氂牛，還騙貝瑪．林巴說他們會前來和他會合。在伽婁的下部地區，棠河迴繞於一個稱作長鼻獅崖（森給．納靈．札）或燃燈湖（美巴措）的地方。當貝瑪．林巴抵達湖畔時，一股暈頭轉向的強烈感覺立即湧現，他脫下衣服，縱身跳入水中。水底有個叫作「吉祥長穴」（帕吉．普靈）的地方，有一座真人大小的導師像[56]。在塑像的左邊，堆疊著很多只犀牛皮匣。一位穿著絳紅袍衣的獨眼婦人，從中拿了一只伏藏匣給他，其中含有《普賢佛母界明意萃》[57]一文。後來他不知怎地就被推回崖上，便和朋友們一起在午夜時分回返。他還以寶藏加持了父母等人。

當他回到瑪尼寺後，在適於譯解黃紙卷的時刻降臨時，墨汁卻用完了，此時，立刻出現了一位空行母，獻上一瓶自行盈滿的墨汁，並對書錄等事做了授記。在噹喀比村，當他首次開啓此神聖教法的灌頂教學之門時，有無數的瑞兆顯現，例如花雨降下和虹彩華蓋等。他每晚都能覺受到偉大鄔金與措嘉向他解釋，要如何給予灌頂和教學、進行舞蹈、吹奏儀式活動的音調等精確細節，並隨即在次日精確地履行這些指示。

一次，在某月的初十五，貝瑪．林巴於一座佛塔的臺階上睡著時，持明惹納．林巴⑱向他現身，並說：「你已經三世身爲上師。我現在要前往妙拂洲，你必須留下來利益有情眾生。」之後便如虹彩般消失了。日後，貝瑪．林巴發現，惹納．林巴就是在那一天圓寂的。

---

⑮在長傳中，對於烹調蘑菇和準備糌粑有很明確的指示。

⑯指的是釋迦牟尼佛像。

⑰《普賢佛母界明意萃》，英譯作 The Quintessence of the Mysteries of the Luminous Space of Samantabhadri。

⑱一位大伏藏師，是貝瑪．林巴同時代的人。敦珠仁波切（1001, 2: 429）說，惹納．林巴的年代是一四〇三～一四七九年。在 BD（3244）中，也有說他的圓寂是在一四七六年或一四七九年。

當年的八月十四日，在一大群聚集於燃燈湖畔的民眾面前，貝瑪．林巴手裡拿著一盞酥油燈，宣告說：「如果我是惡魔的化身，那麼就讓我死在這水裡。如果我是鄔金的兒子，願我找到所需的伏藏，也願這油燈不滅。」

如此說完，他便縱身跳入湖中。人們一陣譁然，出現了各式各樣的反應。當貝瑪．林巴濕漉漉的身形隨後躍出水面時，他的腋下夾著一尊佛像和一只闔上的顱骨盒，其中盛有聖物。尤有甚之，酥油燈還在燃燒。那時，所有抱持懷疑的人都受到勝解信的啓發，而被安立於解脫覺醒的境界。

不久之後，貝瑪．林巴在伽婁的贊山建造一棟房子，住了下來。在雞年（西元一四七七年）春季初月的滿月時分，貝瑪．林巴和三名弟子在苯塘日莫阡棠崖的桑普．多傑．惹哇——意爲「金剛圍牆銅穴」，取出了一只犀牛皮匣，其中含有《大悲觀音闇盡明燈》。勝利月初十，在超過百人之眾的面前，他從下部苯塘兩河交匯處的的森給．札瓦崖（意爲「獅形崖」），取出了一只含有黃紙卷和蓮師像的篋盒。那時，落下了石雨，還有其他猛烈的大爆發，接著天空則充滿了彩虹。冬季初月，在庫蕊谷，一位施主供養他一只裝滿酒的大銅瓶，而他一飲而盡，展現了證得「顯有等淨」（現象和存有爲清淨及大平等）的神蹟。在日莫阡崖，他取出一只裝有甘露的寶瓶，以及《無上密意》[59]的黃紙卷。在依姆扎村，他留下手印，象徵他證得了顯分無實。猴月的第十五日，在下部苯塘三河[60]交匯和三區相接之處，他從森給・南宗・札（意爲「獅空堡崖」）取出單尊馬頭明王的塑像和七世婆羅門藥丸。

貝瑪・林巴於塞雄的寺廟上方搭了一個竹篷，在那裡做了三個月的禪修，感覺到整個世界都有如掌中的庵摩羅果（餘甘子）[61]一般。在貝瑪林，他傳授《界明續》[62]的深奧教授，長達一個月之久。在泯月的暗月期間，他從身印岩（庫爾傑）[63]形如九骷髏頭疊起的崖壁中，取出《摩尼道用・無量壽成就精華》。在布雷[64]的偏遠地區，偉大蓮師巧扮爲格西的形相前來，授予

---

[59]《無上密意》，英譯作 The Supreme Intention。

[60]這是在苯塘南部，棠河、庫傑河、下河相匯之處。

[61]庵摩勒果（餘甘子），一種藥物。

[62]是對他第一部伏藏《普賢佛母界明意萃》的教學。

[63]庫爾傑，意為「身印」，是苯塘一處懸崖上的岩洞，岩石上有個蓮師的身形印跡，現在有同名的寺廟群建於這個地點。於該處取出的伏藏是《摩尼道用・無量壽成就精華》。

[64]布雷，現在稱作「阬」（Keng）。

諸多關於中陰的修行法門和開示。犬年（西元一四七八年）土月，在上庫蕊的嘉噶爾．康埔，他從一塊看來像是大象肺部的礫石中，取出一尊導師的銅像。他還在一個連長矛都射不到的高處岩洞中，神妙地在石頭上留下足跡。犬月初十，他在苿塘山谷下部地區的森給．奇秋，取出了《忿怒蓮師．風火炫燃》[65]的文匣。在亥年（西元一四七九年），如上師的授記，他恭敬請求確廓[66]的所有施主重整確廓寺的外部建築和內部聖物。作爲此重建工作的吉祥緣起，他從大日如來佛像的耳中取出少量金子，而這些金子不可思議地增長到足以涵蓋所有的費用。

在貝瑪林，因五部空行的懇切請求，他從下苿塘的森給．奇秋，取出了一肘高的上師銅像，還有單尊忿怒蓮師的伏藏匣。在庫蕊谷的鄔金林，他建造了代表證悟身、語、意的三所依，大大增長了他的福德資糧。龍年（西元一四八四年），他在庫蕊山谷，從日莫阡崖（虎紋崖）上如鳥一般地飛翔，伴隨著瑪尼[67]的震動音聲，取出了盛有長壽甘露的水晶瓶，瓶頸處還有相繞的孔雀。猴月初十，依照耶喜．措嘉在夢中的敦促，他從下苿塘的一處崖壁中，取出一肘高的單尊馬頭明王像。

接著他在賽雄禪修。一個月之內就萌發了前所未有的大證悟覺受，了知輪迴世間和出世間的一切法，特別是能通曉六道眾生的念頭和活動。

那年夏天，他前往西藏。在洛札的楚伽・奔嚓寺，於大日如來佛像雙腿交盤所形成的交結處，取出一個淡藍色的水晶擦擦⑱，內爲蓮師父母的紅白菩提。他還在喀日山頸部平坦處的龜形礫石中，取出一尊蓮師像。

當他再次回到苯塘後，獲得了空行的授記和多傑・雷巴（具誓金剛善護法）的指示，從斯隆寺後方的拉札（神崖），取出了《八大成就言教・極密意鏡》的文匣。鐵牛年（西元一四八一年）蛇月的滿月之時，年值三十二歲的他，正睡在貝瑪林的西窗邊，於黎明時分獲得了一個淨觀：他見到有三個女孩牽著一匹白馬，邀請他和她們一起走。她們帶他到妙拂洲的銅色山宮殿。在具有種種美妙莊嚴的超凡雅緻宮殿中央，吉祥鄔金金剛持以摩訶羅剎的形相，端坐於寶座上，左右並列著眾多印度和西藏的持明聖眾，周旁有數目不可思議的勇父、空行母放

⑥⑤在貝瑪・林巴關於蓮師法的伏藏教文中，這是在忿怒相（咕汝札波，即「忿怒蓮師」）三部（即廣、中、簡三部）法中較簡短的一部。寂靜相（即「寂靜蓮師」）的法則是《寶海上師》。

⑥⑥是苯塘四座主要的山谷之一。其他三座為邱美、棠、烏拉。

⑥⑦就是如同持誦瑪尼咒（嗡瑪尼貝美吽）時的聲音。

⑥⑧是小佛塔或小佛像的小型所依物，通常是泥製的。

出供養雲，以強烈的虔心向他們祈禱禮拜。他們極為歡喜，作了種種交談。宮殿外面也有諸多的妙相，他見到所有的美妙國土和環境。尤以為甚的是，在一個用五種珍貴寶石打造的房間裡，措嘉和牟赤贊普[69]作為佛壇主事，令他得以見到《上師極密言教總集》的壇城，並且修習此法七日。他經由四灌所依，獲得了完整的四灌：經由外物所授予的寶瓶灌；經由內甘露所授予的秘密灌；經由秘密方便和般若所授予的智慧灌，經由極密揭示所授予的文字灌；以及金剛上師的浩瀚言教灌。護法們一一向他現形，立下服從指示的嚴格誓言。就是在此時，他獲得鄔金．貝瑪．林巴之秘名。在請求諸多成就法、授記、深奧教法的引導之後，他和三個女孩回到自己的國家，隨後便醒來了。

蛇月，他按照伏藏守護者的敦促，從塔爾巴林東北方森給．札（獅子崖）南面如倒置煎鍋的地方，取出了成就法，以及一尊用瑪龐雍措[70]湖砂所製成的單尊忿怒蓮師像。虎年（西元一四八二年），在伏藏主薛京．卡爾波[71]的兩次勸請之後，他在身印金剛帳岩洞左方的角落，從一個如倒置煎鍋的崖底，取出了《大紅忿怒蓮師．焰鬘》[72]與《寶海》的授記指南[73]。在札西．勾芒副殿的中層房間內，他對諸多具福者賜予了極密的灌頂和教學，並進行生起次第和圓滿次第的觀想、成就法和事業法的修持等。其後，與會者皆對此加以聞、思、修，直到他們完全掌握這些法門爲止。有一次，貝瑪．林巴在袞桑林住了一個月，修行蓮師密法，他清楚見到在虹彩寶傘中的五部顱鬘力。在瑪尼寺，他曾向某隻母雞丟擲了一根擣藥杵，並在杵上留下清晰的手印。

由於他在羊月初十於身印崖找到了授記指南之鑰，再加上空行母的敦促，於是在土兔年(74)秋季的初月初十，他便前往西藏的洛札。在黨綽．雷瓊一地聚集的諸多僧俗二眾面前，他從曼多崖（藥石崖）東北面的獅面石中，取出了《寶海上師意成就法》的文匣，以及存放在孔雀蛋

---

(69)牟赤贊普是赤松德贊王的兒子，也被稱作牟底贊普或賽納磊．景雍。參見第六章注釋⑳㉒。

(70)這裡用的是另一個名字：阿耨婆答多池或「無熱池」。然而，這座位於具有眾多傳說之岡底斯山附近的聖湖，較常見的名稱為瑪龐雍措或「不敗湖」。

(71)即「白水晶之京」，是經常與貝瑪．林巴一起提到的伏藏守護者，可能與白哈爾有關。參見 Aris 1979: 50—51 和 297—98。亦參見 Padma Tshewang et al. 1999: 49。

(72)《大紅忿怒蓮師．焰鬘》是忿怒蓮師的三部伏藏中較廣的一部。參見上面的注釋(65)。在此，現為三面六臂的雙身形相。

(73)是伏藏隱藏地點的地址或授記指南，通常在取藏前都必須先具備之。

(74)這看來有誤，因為最近一次的土兔年是一四五九年和一五一九年。在《寶海上師．寶鬘》的歷史記述中，是以母火兔年作為取藏的日期，也就是一五〇七年，第九「繞炯」（cycle，藏曆的一時輪）的開始。

所製容器中一位七世婆羅門的百粒肉丸、兩尊馬頭明王暨金剛亥母像、兩尊蓮師像、一尊金剛亥母像。他加持了在場的所有人，安置他們於完全清淨的道位上。

爲了回應圓滿的格格．嘉華之請，他在札莫創的大崖，公開取出了《鐵髮馬頭明王成就法》的伏藏，伏藏記號則是一個掩住洞口的石頭，位於崖上十三碼的高處。這位施主因而專一地虔心向他頂禮，並且邀請他到拉隆。施主以資財作供養，貝瑪．林巴則以成熟解脫的教授作爲饒益。

又有一次，他在曼多，從崖側獅面的左右耳處，取出了普巴金剛和馬頭明王的教法。在他停留於曼塘的期間，受到蓮師諭令的敦促，於公眾面前從瑪爾多．札（意爲「紅石崖」）取出了《猛暴金剛手》的伏藏。彼時生起了狂風冰雹的大風暴，不過，在他提醒亞度．納波要服從誓言之後，一切便都平息了。由於良嚴．喀日[75]的勸請，他從獅面崖的鼻孔處取出了《空行海捷徑》，並從其眼部取出了護法的教法和續部的成就法。在曼塘．匝隆寺的上方石崖，有一個伏藏記號，他從那裡取出了一只拉塞[76]嘎烏盒，但是因爲沒有授記，所以遭遇到很大的取藏障礙。虎月初十，在咒語守護者的兩次敦請下，他從塔爾巴林的房間窗架上找到了用絲巾包裹的四函教法，這是他前世生爲龍欽巴時所藏起的教法。當他的手觸及這些教法時，其中一部分便立刻完全碎裂，不過《普賢密意總集》教文則完好無損，於是他就帶走了這些。

在雄地，他授予護持者恰喇嘛長壽灌頂。當他設立壇城時，有一部分拋灑的青稞穀粒落入了儀式的寶瓶中。在進行皈依和發心的儀式期間，這些穀粒轉變成綠色，並且冒出四指高的苗芽。當生起次第完成時，它們開始長出穀穗。迎請和祈請安住完成時，則長出了尚待成熟的穀子。到了獲取命力的階段時，穀粒便都成熟，於是所有作供養的功德主皆可享用這些穀粒。

在庫蕊區的特岡村，出現了很多神、魔擾亂，都被貝瑪．林巴以無畏勇猛的光輝所鎮服。他在前往勞克．域松[77]的時候，於董藏嶸（意為「熊窩」）取出了一個蓮師足印。依據空行母的授記和伏藏指南的含義，他在亥月初八，從桑耶．青埔三佛塔中央的蓋石中，取出了秘密寶藏，那是一個闔上的拉塞嘎烏盒，包裹在具有緘封印記的白絲巾中，且取藏的障礙非常之大。

---

[75] 艮巖．喀日或艮巖．庫拉康日是山神，居住在不丹北方的邊界地區，也是主要的伏藏守護者之一。

[76] 拉塞顯然是一種盒子，一面是由犀牛皮製成，另一面則是由一種用來緘封的樹脂所製，這種樹脂其實是從昆蟲糞便製造染料的過程中所產生的渣滓。（崗頂祖古仁波切口授）

[77] 字面意義是「隘口，在下方，國家，這三個」，是一個地名，位於不丹東方的門地，現在是阿魯納恰爾邦（Arunachal Pradesh）（Aris 1979: 80）。（中譯註：阿魯納恰爾邦是現在印度的一個邦。）

當他前往瑪尼寺打開它的時候，發現了二十五卷的《普賢密意總集》。此外，他在婆羅門貝瑪．卡爾波和蓮花明公主閭上的鮮紅顱骨中，發現了公主的命力青松石，稱作「紅屋雪峰」[78]，還有思秋．霈瑪的髮辮、遠看依然明亮的銀鏡、在兩個上釉擦擦中的妙吉祥友舍利、有著金線紋路嚴飾的鄔金〔上師〕衣領、措嘉的單件式無針縫衣袍、含在新青松石擦擦內的蓮師父母紅白菩提，以及很多其他的神妙聖物。

在秘境堪巴迴，於札西崗的通．雄．普克瑪爾，有一塊形似牧民帳篷的黑礫岩以及數個三層的岩洞。從上層的洞裡，貝瑪．林巴取出了《堪巴隆指南》[79]等。雞年，由於艮巖．喀日的催促，他在拉達克的門喀爾上方一塊具有青松石紋的礫石中，從一個恰能容納一隻貓的洞穴內，取出了一只具有六印莊嚴的拉塞嘎烏盒。犬年的馬月初八，在苯塘塔爾巴林的東邊，他置身於某種出神的狀態，從面朝「鳥崖」的西南方金剛崖頂，取出了一肘高的金剛薩埵銅像、成就法，和「啊」字的深奧印章。棠西璧的沃瑟喇嘛將過去由伏藏師喜饒．梅巴爾[80]所取出的《大圓滿極密心髓．小子續》[81]贍本供養給他。貝瑪．林巴見到真正的黃紙已被帶到日莫阡的寶藏地點，但因其已然壞失而無法利益眾生。依據鄔金上師的授記諭令，貝瑪．林巴在犬月初十，從苯塘日莫阡銅金剛圍欄的獅面崖右耳處，取出了拉塞噶烏盒中一肘高的導師銅像，佛像膝上有著內含伏藏名單紙卷的伏藏匣。如同赤松德贊在桑耶所作的授記，他在青埔的閉關中心內取出了一部伏藏，但卻放棄對其的取要，反而是從大覺佛像的雙腿交盤處，取出了《藍忿怒蓮師成就法》，以及由一位七世婆羅門的六十粒肉丸所做的貢藥，並從度嗣·奇巴[82]的右腋取出了一卷密法。

---

⑱命力青松石是很多人都戴在脖子附近的主要青松石，代表所支持的生命力或靈力。對於在這裡所提到的公主石頭之名：「紅屋雪峰」，敦珠仁波切 1991（1: 798）說是她父親赤松德贊的名號。

⑲對於這個事件的較詳細記述，可見於貝瑪·林巴較廣長的自傳。其譯文以及有關堪巴隆傳說的一些分析，可參見 Aris 1979: 61—62。

⑳喜饒·梅巴爾出生在西藏的康區，據說他在取出很多伏藏之後，於晚年時來到不丹。由於不甚吉祥的境況，他喪失了原本已取出的一些伏藏，而這些伏藏又再度被埋藏起來（Aris 1979: 158）。特別是，他之所以會有問題產生，是因為他的施主以嚴刑要脅，強迫他取出不屬於他的伏藏。

㉛《大圓滿極密心髓·小子續》或如文集《至密心髓小子續》的目錄所載，為 rdzogs chen gnyis med rgyud bu chung gi skor。這是貝瑪·林巴所取大圓滿三部法的第三部，或說是「子」文。「母」是《普賢佛母界明意萃》，「父」是《普賢王如來密意總集》。

㉜度嗣·奇巴是「忿怒王」中的一尊，是主要的忿怒本尊。

在秘密的伏藏授記中，通常都說貝瑪．林巴是一百零八部的伏藏之主，不過如今，依照現世眾生的所需，眞正取出的只有三十二部，而其中大部分都是公開的取藏[83]。此外，他從不確定所在處的伏藏地點中，取出了一些次要的伏藏，例如在擦多．察陵．札和斯隆．勾松．儂波等地的取藏。雖然在廣傳中並未提及這些，但它們可見於各教法的伏藏扉文。

貝瑪．林巴在取藏的時候，其證量臻至法性滅盡[84]的境界，他的感知廣袤如空，諸法寂滅，尋思窮盡。他躍入諸顯皆爲實相遊戲的認知，因此離於對輪涅的取捨和超越。他無礙地穿越山崖，有如飛鳥翱翔於虛空一般，並在堅硬的石頭上留下手印、足印，好似這些石頭都是泥巴一樣。

在庫瑞特的袞桑林，四位空行母拿著一組絲質吊床前來迎接他。他見到現爲金剛持相的鄔金，獲得了徵示教法。又一次，他在進行《普賢密意總集》的秘密灌頂時，晚上有五部空行用一朵單莖三花的蓮花，向他展示了三身的徵示教法。鐵馬年（西元一五一〇年）冬季，在瑪尼寺，有四個女孩召喚他前往鄔金．康卓．林。在那裡，五部空行向他指示究竟實義，偉大鄔金也給予他教授。當他住在拉隆寺西翼的時候，見到艮巖．喀日的宮殿；當他登上藍色的屋頂時，喀日又再次召喚他。從宮殿的頂上，他看見了妙拂洲、五臺山、普陀山、楊柳宮、密嚴淨土[85]。他給予《艮巖、妻、姊妹密集》等等的灌頂和解說。他曾經由親見或是透過淨觀，而見到眾多聖者，例如偉大上師和措嘉等，並且擁有領受教法、授記、確認的無量淨觀。當他給予灌頂或教學的時候，都會出現甘露沸騰、花雨降下、虹光繚繞等諸多的神妙徵兆，並且不僅一次，而是向來如此。單單是他部分的語甘露，就足以令人聞即解脫，例如在他唱誦「開啓了悟之金剛歌」時，便能捕獲所有會眾的心意。他的無礙神通能開顯原本隱藏在三時中的一切，令那些內心存疑者感到信服並且生起意樂。即使是那些具有邪見的不幸眾生，他也會祈願彼等於來世能成爲他的弟子，如此安置他們於自己的護佑下，使他們接近輪迴的盡頭。這些貝瑪．林巴殊勝身、語、意的無量大樂功德，完全超出凡俗理性心意的思惟範疇。蓮師的授記是這麼說的：

㊃是在公象面前取出的伏藏，相對於秘密取藏。

㊄四相是修持大圓滿頓超法時所經歷的四個階段。「滅盡」的階段是最終的覺受。（中譯註：大圓滿四相為法性現前、覺受增長、覺性達量、法性滅盡。）

㊅妙拂洲是蓮師所居住的洲，即銅色山所在處。五臺山是文殊聖地，位於西藏（中譯註：應是在漢地）。楊柳宮是金剛手的淨土，也是金剛持等尊的刹土。普陀山是觀音的淨土。Ghanavyuha（藏文拼音 stug po bkod pa）是密嚴淨土。

對於我的心子貝瑪．林巴，
啊，具信眾將何等快樂！
即使是存疑者也能接近輪迴的盡頭，
甚至是蜉蝣也可以入道。

如同他自己在祈願文中所述的：

依於待調伏者的所需，我已前往眾多國家，
給予諸多灌頂並廣結諸多法緣，
將具緣男女置於成熟解脫道上，
並且祈願，即使內心存疑者亦能得到度化。

如同此處所述，貝瑪．林巴曾前往很多地區，例如苯塘四谷、上下庫蕊、東讓．雷瓊⑧⑥、印度東部、勞克．域，以及曼、洛、尼雅、嘉爾、西藏中部，特別是洛雅克，他造訪那裡有二十次之多[87]。他也建造了很多寺廟和其中的內容物，例如：苯塘的唐興．倫珠．闕林；伽婁的貝瑪林、德千林、袞桑札；庫瑞特的袞桑林；邦靈的德奇林；藏曲的鄔金林；拉達克的切瑞瓊．札西．滇傑等等。他修復已然衰敗的嘉措．拉隆等寺，並重新開光。如此，他圓滿了具義佛行的四事業，例如爲擊退入侵敵軍而建立的吉祥緣起，讓宗教與百姓的利益因而安樂興盛。

他的弟子中，包括了眾多的權貴人士，如：治理大臣札西．達爾傑、噶瑪巴．確札．嘉措、嘉澤的首長惹滇．巴、羊卓的統治者、印度東嘎的法王、卡馬塔國王；眾多的伏藏師，如：祖古．秋登．貢波、蔣秋．林巴、薩布隆祖古、確嘉．旺波、朗隆．庫伽、章叟瓦．釋迦．桑波等；以及大修行人，如：竹巴．賈札．袞列、漢地的夏啥瓦喇嘛、藏隆巴、卡爾千．袞札、傑尊．德欽．桑嫫等等。特別是，如同蓮師授記的預示，他有身爲三部主[88]化身的三位

---

[86]東禳．雷瓊在不丹東部或門地，即阿魯納恰爾邦。

[87]後來有一位佚名作者在此處文間插入了一個注釋，注文如下：「嘉華．敦祝的傳記中說，他曾去那裡十四次，這和長傳中的記載並不相符。」嘉華．敦祝是貝瑪．林巴的兒子，撰有他的一部傳記，收錄在《貝林伏藏法》Pha函中。參見附錄乙。

[88]三部主，即觀音、文殊、金剛手。

心子：袞秋．桑波、達瓦．嘉岑、札巴．嘉波；親生的子嗣：凱珠．昆旺、昆喇嘛、桑達克；七位壇城的守護者：祖古．納措．禳卓、堪千祖慶．巴久、領唱師竹巴．昆度、囊叟．嘉華．敦祝等等。具緣者則有一萬兩千人。在西藏以及大西藏地區、不丹、印度東西部各地，他對無數具福者賜予眾多的灌頂、大成就法、解說、口傳、秘密竅示等正法，並且持續開展不分宗派的利他佛行事業。這些列表可見於他的長傳，在此所提及的只是他一小部份的事業。

他駐於不動任運的二利佛行事業中，如此，對於一切見到他的眾生都深具意義。爲了向那些執取「常見」（恆常主義）的本國弟子示現生命的如幻，他在苯塘的倫珠．闕林，最後一次會見所有的心子、弟子、眷屬，並給予諸多教言和修學。其後，蛇年（西元一五二一年）第一個霍爾月的初三早晨，他以七十二歲之齡，坐直並雙盤（金剛跏趺姿），將手放在達瓦、札傑兩位心子的頭上，說到：「啊，啊，啊。」以此無生的幻現之音，逝入本空——本初寂滅的大境界。彼時，確廓整個地區都盈滿極度悅人、持續不斷的號角聲和鐃鈸聲，藏紅花的香氛遍滿各處，天空變成了一頂五色虹光的大傘，花雨降下，伴隨著一陣巨大的轟隆聲響，大地則一再震動。這些瑞相和其他瑞相持續了兩、三個月，直到他的身體消逝爲止。這位持明者在圓寂之後，爲時數日且毫不間斷地展現了無謬的幻相，昇華到愈來愈高的境地。尤其是，如同授記所言，他的心臟舍利化現為一位青松石女孩，融入了心子達瓦之中。為了有情眾生的福德，貝瑪．林巴的珍貴遺體駐留於一座大墓之中。

2

純　金
蓮花明公主與上師之間的問答

節自《寶海上師》①

頂禮蓮師！

蓮花明公主帶著一個盛滿青松石的金碗，來到正在金孤殿②屋頂上的鄔金仁波切面前，將其供養給上師，說道：「哦，鄔金仁波切！我是個孩子，生爲女身，出生低賤，價値卑微，言語淺薄，極爲散亂，易於忘失正法。我的身軀一半是人，一半是人類的奴隸。怙主上師，請大悲顧念如我等未能積聚福德之眾，不要把我扔在輪迴的泥沼中。我請求您賜予自行修行些許佛法就能即生成佛的法門。」

我蓮花生回答說：「公主，諦聽！對妳、對一個女孩而言，是不會有佛法的。甚且，即使是對一位公主來說，也沒有佛法可言。妳一點力量也沒有，被自己的父母交付至輪迴的牢籠中，必須一直對自己的丈夫察言觀色。妳一輩子都處於我執的狀態中，必須毫無報酬地作爲男人的僕役。而在度過這個被虛擲的人生後，公主，最終妳會再次前往一次低劣的受生。」

聽到這些話後，公主的眼眶盈滿淚水，她把頭放在上師的膝上，說：「眾生的吉祥導師，鄔金仁波切，請大悲護佑這個無依的女孩。您通曉此生與來世的喜悲目的，我請求即生證得佛果之法。」

由於我知道公主受制於宿昔業報而將不得全壽，所以決定傳她一些法。我說：「公主，此生的所作所爲如夢如幻，妳的工作不會幫助到妳，反而可能在日後對妳造成傷害。如果妳希望現在就達成妳來世的目標，便聽我說一些合於妳心智的佛法。」

「怙主，遍知三時的蓮花生，」她說，「雖然您住於超越言語、念想、表達的不可思議境界，現在卻已告訴我您的想法。請告訴我，一切佛法修行的前提是什麼？」

我貝瑪回答：「一切佛法修行的前提，也就是一切教法的首要，唯此而已：思惟難得的暇滿人身，並思惟死亡、無常。當以這些爲首。」

公主接著請我解釋死亡和無常（，以及很多其他課題。以下就是她的諸多問題和我的回答）：

問：為何輪迴的本質是死亡和無常？

答：公主啊，暇滿的人身很難獲得，卻又容易失去。死亡和無常是輪迴的本質。暇滿人身之

①在《貝林伏藏法》第一函（Ka函）：289—352頁。參見附錄乙。

②位於桑耶。

所以難得，乃是因爲若是未曾積聚福德資糧，就沒有獲得人身的機會。之所以容易失去，乃是因爲妳的存在受到過去業報成熟的影響，所以在你活著時候，並不知道自己還能活多久。現在，當你還活著的時候，便要對此作聽聞思惟，就好像妳的心有病痛一般。否則，從輪迴痛苦羈縛中逃離的機會永遠不會到來。思惟六道中每一道的痛苦。除了神聖佛法以外，再也沒有其他偉大道途能夠讓妳解脫痛苦。如果妳現在不作尋求，死亡可能今天或明天就會降臨，因爲死期並不一定。

蓮花明，要對此好好思惟。很多人今天還耳聰目明，明天卻可能變成一具乾黑的屍體。他們並沒有計劃翌日就要死去。不要信任妳這個幻妄的身軀，呼吸不過是蒸氣，暖熱只是火光一現，生命力也只是即將斷掉的馬毛。當如此思惟：所有的過去生世都已經結束，未來生世也會循著同樣的模式，現在存在的這一生也是一樣。正如一切都存於一種流動的狀態，同樣的，生命也沒有年輕或年老的階段。一切都必然會滅逝，到那時，業的流續和業行的流續，飲食、寢具、衣服、碗盤……等等，全都被捨棄，而妳卻必須離去。

當人們爲妳守靈的期間，妳會聽見關於妳這個死人的諸多壞話，而從這一切當中，妳必須獨自前行，就像是從酥油中抽離的毛髮一般（，孤孤單單的，什麼也帶不走）。到了妳要離開的時刻降臨，會是多麼的可怕呀！看來單是死亡還不夠，之後妳更是無處可去。

妳在三有[③]的各個惡處流轉，業力會驅使妳進入六道中的某一道。如果投生在地獄，妳會經歷到沸騰燃燒的痛苦；如果投生爲餓鬼，妳會經歷到饑渴的痛苦；如果投生爲畜生，妳會經歷到愚昧的痛苦；如果投生爲阿修羅，妳會經歷到鬥爭的痛苦；如果投生爲天神，妳會經歷到變異和從彼道墮落的痛苦；如果投生爲人類，妳會經歷到辛勞貧困的痛苦。如果妳先前未曾修習佛法，這些就會發生在妳的身上。但若妳有一些福德資糧，便能獲得人身。如果妳這輩子不培養些許修持佛法的力量，難保下輩子會發生什麼事情，誰會知道呢？

所以，蓮花明，當妳還有選擇的時候，要像一個受乾渴折磨的高燒病人，以堅忍不拔的毅力，精進修持佛法，直到證得圓滿佛果爲止。

③三有是中間過渡的三個階段：臨終中有、法性中有、生有中有。

問：為了斷除煩惱，應該去哪裡尋求皈依？

答：能讓人從前述那些煩惱中獲得解脫的方法，不外乎就是皈依三寶。上師和三寶是眾生的圓滿皈依與救怙。皈依他們的方法，就是思惟：由妳帶領一切有情眾生，自身以渴望之心，爲了能從輪迴苦海中解脫並證得無生果位而請求庇護。觀想在妳前方的虛空中，有一座八獅所擡的寶座和日、月、蓮花座墊，其上是聖皈依處：如雲聚集的根本上師、傳承上師眾與諸本尊都前來就座。不堪忍受而希求解脫牢籠的一切有情眾生，由妳和妳的雙親爲首，一起行皈依：

南無！

佛陀，兩足者之尊，

聖法，寂靜且離貪，

僧伽，福德資糧田，

吾等有情行皈依。

具足三慧④上師主，
賜修行力諸本尊，
盡除障礙空行眾，
吾等有情行皈依。

具足二淨⑤之法身，
具五決定⑥之報身，
任運成就之化身，
吾等有情行皈依。

④聽聞、思惟、禪修之慧（，即聞慧、思慧與修慧）。
⑤體性本來清淨且自性光明清淨。（中譯註：《大乘莊嚴經論》：二淨謂一者自性清淨，由本來清淨故；二者無垢清淨，由離客塵故。）
⑥五決定（或稱五圓滿）：⑴處決定是為密嚴剎土；⑵上師決定為大日如來；⑶眷屬決定為十地菩薩；⑷法決定為大乘；⑸時決定為「法輪常轉」。

源自離戲之空性，
佛身無修亦無緣，
超越心識，無執著，
於此境中，吾等有情行皈依。

總集體性、自性、悲，
源自等、圓自廣空，
無念本明赤裸現，
吾等有情行皈依。

空明本俱之光輝，於此諸界廣空中，
無礙本俱之能量，遍布一切各處所，
猶如覺智莊嚴鏈，
吾等有情行皈依。

念誦這個祈願文和其他的皈依文，則妳的一切作爲都會成爲佛法，暫時性的障礙也能全然平息，並且獲得免於輪迴痛苦的皈依。蓮花明！不要落入邪道，妳的一切作爲皆當如理如法，並以此方式來請求皈依。

問：菩提心的內涵是什麼？

答：公主，菩提心的內涵是這樣的。即使妳能證得法性實相的奧義，但若沒有菩提心這個大悲方便法門，妳就會變得和小乘的人毫無區別。在妳生起悲心與菩提心之後，妳對六道輪迴一切父母所具有的悲心，將讓妳幾乎難以承受，如此懷持四無量心⑦之後，妳會想要幫助他們。爲了妳對六道一切有情眾生的這份慈愛，從現在起，直到證得圓滿正覺爲止，妳應該持守勝者所教導的這個誓戒。它有三個層面：願、行、結行。

首先，受願菩提心之誓戒：

⑦四無量心分別是：慈，悲，喜，平等捨。

三時一切勝者眾，
輪迴三界唯一友，
除諸尊外無希冀，
悲心眷顧賜皈依。

爲利有情眾生故，
不顧自身與性命，
唯爲他利、樂、饒益，
願能證得圓滿覺。

接著，受行菩提心之誓戒：

一切往昔勝者眾，
如是住於菩提心，

我亦願入此勝道，
成就他眾之利益。

最後，修持結行：

六波羅蜜爲基礎，
爲利有情眾生故，
吾以三戒⑧爲基礎，
致力精進作行持⑨。

---

⑧三戒是依據菩薩乘的三律儀，分別是：「攝善法戒」（積聚善法），「饒益有情戒」（利益有情眾生），「防護惡行戒」（控制惡行）（中譯註：這三種稱為「三聚淨戒」）。還有另外三種的戒儀，也稱為「三戒」：「出離戒」，「救難戒」（保護使能無畏），「善願戒」。

⑨精進（或說是「對行善的熱情」）此處的用字是複數，可能是指精進的數量詞，例如能生賢善功德的五精進：披甲精進、加行精進、不怯懦精進、不退轉精進、無厭足精進。

如此念誦，而進入殊勝密咒的行持。這是加入大乘行列的不共法門。蓮花明，當致力生起菩提心！

問：積聚二資糧的方法有哪些？

答：公主，積聚二資糧的方法如下：以外在來說，福德資糧的積聚是基於曼達；以內在來說，資糧的積聚是基於物質；以秘密來說，智慧資糧的積聚，即為果的積聚，是基於庫蘇魯[10]。

想像在妳前方的虛空中，有一個極為開闊的彩虹淨土，在它中央層疊的蓮花、日、月上，是妳的根本上師和傳承上師眾，周圍環繞著諸佛、菩薩、空行、護法。用左手持舉曼達，口中念誦「嗡、啊、吽」，並以「梭巴哇咒」[11]作淨治。首先供養金子和青松石曼達，其次是藥石曼達，第三是穀粒曼達，方法是把每一種物質都安置十或十一堆，說道：

三千大千淨土中，
須彌四洲日月嚴，
深廣鐵圍山環繞。

供養化身師本尊，
祈尊慈悲眷顧受，
眾生悉臻化身剎。

身、脈、明點之壇城，
五臟光輝爲莊嚴，
具極清淨蘊、界、處，
供養報身師本尊，
祈尊慈悲眷顧受，
眾生悉臻報身剎。

---

⑩庫蘇魯，藏文譯作貧者、乞士，但指的是瑜伽士。（中譯註：乞士、善士，虔修的瑜伽行者；依據《噶瑪恰美山居法》書中噶瑪恰美仁波切的說明，kusulu 是西藏人對於梵文 kusali 的誤用拼音，正確的原音為「孤薩黎」，意思是「只關注三件事的人」，也就是說，他們於禪修之外，只做這三件事情：飲食、如廁、入睡。）

⑪梭巴哇咒：嗡$_{\text{母}}$　梭巴哇　咻達　薩兒哇　達$_{\text{兒}}$瑪　梭巴哇　咻多　杭$_{\text{母}}$（中譯註：俗稱「化空咒」）。

淨意法身之壇城，
五光智、相作莊嚴，
離戲基性常清淨，
供養法身師本尊，
悲利眾生而納受，
眾生悉臻法身剎。

嗡啊吽　咕汝　迭哇　惹納　札基妮　曼達拉　布匝　美嘎　薩穆札　薩帕惹納
薩嗎耶　吽（Om ah hung guru dewa ratna dakini mandal la putsa megha samudra saparana samaye hung）

積聚福德資糧：

我所擁有諸財物，
悉呈供養上師寶，

用於供養本尊眾，
作爲空行薈供食子，
作爲護法食子供，
用於承事聖僧伽，
布施殘疾貧困者。
奮力行善，任何財，
皆成神聖二資糧。

積聚庫蘇魯資糧的方式爲：

觀想妳自己的身體爲勝眾的淨土，蘊、界、處爲天神與天女的自性。色，是眼的對境；聲，是耳的對境；香，是鼻的對境；味，是舌的對境；觸，是身的對境；念頭，是心的對境；以上這些全都是大量的所欲物。身體喜好的五根感受，以及肉、骨、心、內臟、腦，還有權力和勢力，全都作爲「堆供」供養給上師寶，以及作爲獻給本尊和諸佛菩薩的供養。在中間的時候，獻給空行、勇父、護法、具誓者作供養。最後，它們則能爲那些住於六道的眾生、地方神祇、地基主、鬼靈、餓鬼等，帶來滿足。

這麼做所帶來的利益是：上師感到歡喜；空行和護法獲得酬謝；六道眾生和所有賓客都覺得滿意；所有障礙妳生命力者都感到滿足、滿意、快樂。

用這個方式積聚資糧，並以此爲基礎，依妳的所願作祈求，以迴向願文作封印：將善德迴向給無上正覺。這麼做，會使上師寶和本尊歡喜；諸母和空行母也將感到歡喜，因而修復妳和她們之間的一切三昧耶違犯；護法和具誓眾也將感到歡喜，因而清除各種障礙惡業、惡行、障礙，都會被淨化，並得以積聚二資糧。

蓮花明，要盡力用這種方式來積聚資糧！

問：清淨障礙的方法有哪些？

答：公主，清淨障礙的方法是這樣的。對於已經證得空性究竟深義的人來說，要持守的戒律和對戒律的持守是同一回事，所淨和能淨無二。但是對於那些還沒有如此證量的人而言，對於那些受到煩惱、甚或五無間罪⑫所障礙的人，對他們而言，應該用這個方式淨障：

在自己頭頂上方一肘高的虛空中，在日、月、蓮花上有金剛薩埵上師，身色爲白，一面二臂，右手持金剛杵，左手持銀鈴，鈴面朝向祂的髖部。祂頭戴寶冠，身著寶飾，雙腿盤坐。以此方式生起本尊，並對祂觀無厭足，祂就像是雪山上升起的太陽。在祂心間的日、月上，觀想一個白色的「吽」字，周圍環繞著百字明咒。從這個「吽」字放出光芒，迎請十方的上師、本尊、空行、諸佛、菩薩眾。祂們融入各個咒字，化作甘露。觀想甘露盈滿了祂的身體內部，從祂右腳大拇趾降下如乳一般的甘露，進入妳的頭頂，盈滿整個身體內部，就像是一袋牛奶一樣。妳的過犯、惡行、障礙從腳底排出，樣子就像是用過的洗潔用水，黑色，向外流出。接著持誦百字（明咒）：

嗡 班匝 薩埵 薩瑪雅 瑪努 巴拉雅 班匝 薩埵 爹諾巴 底叉 知多

美巴哇 蘇埵 卡唷 美巴哇 阿努 惹埵 美巴哇 蘇波 卡唷 美巴哇 薩兒

哇 悉地 美察雅嚓 薩兒哇 喀兒瑪 蘇嚓美 紀當母 西利漾母 咕魯 吽

⑫極為嚴重的五種行為，直接把人推進惡道而不經中陰的行為：弒母，弒父，殺阿羅漢，造成僧團不合（破和合僧），有心傷害佛陀身致出血（出佛身血）。

哈哈 哈哈 吙 巴嘎問 薩兒哇 達他嘎打 班匝 瑪妹嘚匝 班紀 巴哇

瑪哈 薩瑪雅 薩埵 啊⑬

持誦百、千遍之後，情器世間全都融入金剛薩埵，金剛薩埵融入「吽」字，字母從妳的頭融入，到達心間，從邊緣向中心融入至「吽」字，「吽」字融化成微紅的白色甘露，甘露完全布滿身體的脈和明點，無垢淨智甘露盈滿全身。妳自己的身、語、意和金剛薩埵的身、語、意相融無別。以此念想，安住於遠離戲論的無作境界中。接著持誦一般的懺文，了知一切過犯和遮障都已然清淨。

這是特別能修復過犯的內子密無上法門⑭，如此將能淨化千劫的業障。三昧耶的一切過犯破損，甚至是五無間業，都會獲得淨化。若有瑜伽士能努力作此修行，就可即生證得佛果。

問：祈請的方法是如何？

答：公主，雖然佛的種子本來就在妳之內，但是若沒有上師，就沒有人能爲妳指認出它來。因此，上師更勝於三時諸佛。觀想在妳頭上前方的虛空中，有一座面朝妳的八獅所擡寶座，其上有一朵千瓣蓮花和日、月座墊，在上面的是妳根本上師，身相燦爛而光輝。在上師心間，從「吽」字放出光芒，在上師右方出現佛寶，左方出現僧寶，前方出現本尊眾，後方則遍佈著一切空行、護法。以無量的虔心向上師祈請，用熱望的淚水淨化虔心，身體寒毛豎立而思惟：「除了您以外，我再無他處可以寄託希望，也再無他處可以瞻仰注目。」

至於祈請的內容，可以念誦所有根本上師和傳承上師的祈請文，或是念誦《寶海上師》的願求祈請文：

⑬Om benzra satto samaya manu palaya benzra satto tenopa tikta dridho mebhawa suto kayo mebhawa anu rakto mebhawa supo kayo mebhawa sarwa siddhi metrayatsa sarwa karma sutsame tsittam shriyam kuru hung ha ha ha ha ho bhagawan sarwa tathagata benzra mamemuntsa benzri bhawa maha samaya sato ah

這是依據常見發音而做的粗略音譯。若和更為通用的版本相較，「阿努 惹埵 美巴哇」和「蘇波 卡喃 美巴哇」順序對調了，但是依據崗頂祖古所言，這並非訛誤。大致翻譯起來，此咒的意思是「嗡，金剛薩埵，持守（您的）誓言。金剛薩埵，安住（於我之中）。令我堅定，令我滿足，成就我，讓我具有悲心，賜予我一切悉地。並且，令我的心意在一切行為中都是賢善的。吽，哈哈哈哈，吙，一切加持之如來，勿遺棄我，令我相融無別。大誓言尊，啊，吽。」（取自凱尊．桑波仁波切 Khetsun Sangpo Rinbochay 1982: 146）。

⑭無上密續，具有外、內、密三層面。

吽！

無生法身阿彌陀佛尊，
西方極樂世界淨土中，
無依幼子我向您祈請，
祈加持證本初淨法身。

東方普陀山之淨土中，
報身大悲觀世音菩薩，
無依幼子我向您祈請，
祈加持證光明之報身。

吉祥山蓮花光宮殿中，
偉大持明蓮花生大士，
無依幼子我向您祈請，

祈加持證無固著化身。

持明眾會天界淨土中，
耶喜措嘉空行唯一母，
無依幼子我向您祈請，
祈加持增覺受與證量。

香地深低山谷暟雪中，
偉大王子牟赤贊普尊，
無依幼子我向您祈請，
祈加持盡大雪域輪迴。

我頭頂之日月蓮座上，
具足恩慈根本上師尊，

無依幼子我向您祈請，
祈加持證眞實本自性。

上師心意精藏珍寶海，
洛札曼多諸妙伏藏處，
無依幼子我向您祈請，
祈加持能識得本自心。

全然清淨脈堡中本相，
大力馬頭明王亥母尊，
無依幼子我向您祈請，
祈加持證勝共神通力。

降伏大力邪魔堡壘中，

勇父空行護法我祈請，
祈加持息違緣與障難，
悲心眷顧貧困皈依子，
悲心眷顧迷妄煩惱者，
悲心眷顧此一我執魔，
悲心眷顧此一怠惰者。
完整授吾四種之灌頂，
此時此刻立即賜加持。

以此方式祈請之後，觀想右、左、前、後方的上師、本尊、空行、護法眾匯聚至上師心中，上師成爲雙身的金剛持。從上師父母的雙運中，白、紅菩提降下，進入妳的頭頂並融入，淨化身的障礙，由此得到寶瓶灌。流至喉間的時候，淨化語的障礙，由此得到秘密灌。復次，流至心間，淨化意的障礙，由此獲得智慧灌。繼而流至臍間，淨化煩惱障，由此得到文字灌。以此方式禪修之後，上師父母從妳的頭頂融入，降至心間安住。其後化光，與妳相融無別。以此方式修持，妳將能見到超越概念意想的究竟上師。於此狀態，安住於無作的圓滿次第中。

若妳依此而做四座修行，得到完整全然的上師加持，就會在這一生證得金剛持的不動果位。蓮花明，當祈請能獲得如此的了悟！

問：修行佛法時，行止的次第是什麼？

答：如果妳想要修持密咒乘的深奧教授，以下是行止的次第：首先、行為有如被判謀殺罪的囚犯；其次、行為有如蜜蜂；三、行為有如一家之主；四、行為有如受傷的羚羊；五、行為一如瘋子；六、行為一如獅子；七、行為如狗或如豬；八、行為如國王；九、基於對秘密方便的理解而行；十、以無執的自然解脫而行。

囚犯的行為：由於見到無常和輪迴的痛苦，因此除了佛法以外，什麼都不想。就像是犯人想著：「我究竟何時才能從這深深牢籠中解脫？現在能幫助我的方法是什麼？一旦我從這裡獲得自由，就必須確保不再重蹈覆轍。」以此方式思惟後，接著再問：「我們這些人，何時才會從輪迴這個地方得到解脫？」妳覺得自己必須做些什麼，以能逃離輪迴。

蜜蜂的行為：蜜蜂從不審視大小花朵的優劣，而是視一切悉皆完美，攝取花蕊的生命力精華並留下殘渣。類似這樣，那些欲求佛法者應該尋求一位上師和教言，心胸開闊、毫無偏見地聽聞，並且對所有佛法修行者都展現意樂和禮敬，而不管他們的教言為何。蓮花明，只要妳能夠這麼做，就會熟悉教法，根除懷疑，獲得信心。

一家之主的行為：一家之主會尋求很多方法以累積所欲的財富產業。以此方式，佛法修行者應該在開始的時候，行禮拜、做供養，念發願文、獻曼達，持誦、懺罪、淨障，並用種種的方便努力積聚福德。

羚羊的行為：羚羊一旦受傷，就不會想要伴侶。在這種沒有伴侶的情況下，它們並不會去尋找伴侶，而是寧願獨自留在不被看見且與世隔絕的地方或山谷中。所以，同樣的，佛法修行者在完全內化吸收上師所教導的修行之前，應該為了修行而獨自留在一個與世隔絕的地方。這些地方應能讓人無需擔心要與何人相處，而且還能讓人思惟死亡。日日夜夜，完全專注於修行，而不放逸落入任何其他的方向，如此，妳就會獲得修道的兆相和力量。

瘋子的行為：瘋子不需依照親疏尊卑的習俗而行事，而是完全沒有任何的考量或貪執，僅只是了無禁忌地生活。所以，同樣的，當佛法修行者投身於修行的時候，在他們證得修道的兆相和力量之前，不應該屈從於想要和好人相處的欲望，不應該屈從於外表富麗堂皇的偏見，不應該屈從於想要面子的欲望、或是任何種類的二元攀執。在覺受和兆相生起之後，將能平等地賞視一切。

獅子的行爲：獅子是萬獸之王，具有圓滿的身體三力，無所畏懼，對任何人都毫不退縮，因爲什麼都傷害不了牠。獅子具有如此遠離一切恐懼的自由，因而能獲得獨立，並取得根據地。所以，同樣的，佛法修行者要臻得究竟成就，顯現證量。他們了悟輪迴並不具眞實性，所以能達至不退轉的完全勝解信。只要識得自心，妳就離於怖畏。當妳了悟自心即是法身的時候，便獲得了立足地。

狗或豬的行爲：豬犬在進食或享用五官感受的時候，並不考慮乾淨或骯髒。當牠們的私處生起慾望時，不管對方是誰，都會去做，甚至是對自己的母親或女兒也一樣。同樣的，在灌頂和修行的時候，如理修持佛法的瑜伽士會耽於平等之中，無論所用的食物和享用是什麼，都不具固執的看法。依於眞實手印的時候，例如在密灌期間，即使是母親、女兒、妻子、姊妹，都必須與她們共事。無論你之前受過什麼關於淨與不淨的戒誓，都必須摒棄這些概念性的思惟，而視一切皆爲嘿汝嘎（飲血尊）的自性。但是，切勿莽撞地在未成就前進行這樣的修持，最重要的是要有合理的行止。

國王的行爲：因爲偉大法王是所有立法者之師，所以他必須毫無偏頗地確保官吏、侍從、臣民等所有人的安樂，不管他們是善或惡、偉大或卑微。簡而言之，就是完全沒有偏見，無所分別，置所有人在安樂之中。同樣的，若妳如法而行，在空性和悲心的能量生起時，展現證量，對利他的行爲無所倦怠，爲了利益一切無餘眾生，布施法財和實物。透過善巧方便和吉祥緣境，不斷地深深顧念眾生，合乎菩薩行而從事於安樂之道。

秘密方便慧的行爲：修持密咒的行者應該與秘行的事業手印爲友，且在與世隔絕之處閉關，應該秘密地將大樂融入道中，那麼將會生起樂、空的覺受與證悟。

無貪執而自然解脫的行爲：離於貪著，且對於如何舉止不起概念作意，在此狀態中，概念於生起時便立即解脫。警覺且自在地休息，不加勤作費力，自然能清淨自己對座上、座下的執著。這是對苦樂的平等賞視，是無忍的澈然開闊，離於一切的能作或所作。

蓮花明，當如此喚起這十種的行止。

問：有關生起次第的教言為何？⑮

答：在生起次第的時候，首先，從心間的種子字，將自己生起爲誓言尊⑯。生起這個觀想的方式有兩種：以三次第的儀軌作生起；或在妳憶念時瞬間完整生起。

首先是以儀軌生起。在觀想壇城、寶瓶、食子等三部分的時候，妳就是誓言尊，從妳的心間觀想壇城、寶瓶、食子爲宮殿。在宮殿中，依據靜忿本尊事業的教傳所述，觀想諸本尊。無論妳在做的是哪一種修持，諸本尊都是從祂們各自的種子字所生起。清楚觀想各本尊的身色、幟相及其嚴飾、樣貌。對於寂靜尊，觀想頭冠、耳環、長短瓔珞、臂釧、足環、裙、手幟等等。對於忿怒尊，觀想大張之口、獠牙、怒噬相貌、手幟、屍陀林之八物等。此外，禪修於此無實質的顯相，就如鏡中的倒影。在引介眞實自性和授予灌頂之後，智慧尊⑰降臨，與妳（誓言尊）相融無別。

至於誦修⑱的本尊生起：禪修本尊能淨化斷見，禪修本尊顯現卻無實質則能淨化對常見的信執。若妳能了證無生根本自性的離於邊見，就不會落入其中任何一種邊見。在此狀態中，依據妳所做的任何一種修行，持誦心咒。持咒的時候，觀想光芒放出和收回，或是不作任何觀想也可以。持誦心咒的時候，依照本尊的類別作觀想：若是平息的本尊，觀想祂的舌頭爲金剛杵；若是增益的本尊，觀想祂的舌頭爲珍寶；若是懷攝的本尊，觀想祂的舌頭爲朵蓮花；若是忿怒的本尊，觀想祂的舌頭爲劍；若是任運自現的本尊，則觀想祂的舌頭爲輪。若是妳如此禪修，成就將會迅速降臨。

在誦修期間，勿以凡人言語而中斷持誦。不要念得太大聲，而是用恰好能從自己衣領處聽到的聲量爲宜。然而，若是爲了他人的事業而修誦時，則應該要大聲。如果是忿怒咒，便如霹靂般持誦。在持誦期間，不要放下念珠，不要吐口水、漱口，或把尖銳物放入口中，也不要更換座墊或移動座位。而且，在持誦的時候，要念三遍的五十子音咒、母音咒和一遍的「緣起心要」咒⑲，以便彌補誦咒時的贅增或漏失。

夜晚，在妳就寢之際，於吸氣時觀想「嗡」，於呼吸入體內時刻觀想「啊」，於呼氣

---

⑮在金剛乘中，本尊修持包含兩個層面，亦即建立觀修與持咒的生起次第，以及觀想消融的圓滿次第。

⑯觀想或生起、創造出的本尊形相。智慧尊是本尊的實際顯現，被迎請進入誓言尊。

⑰參見以上注釋。

⑱持誦修行（念竹）。（中譯註：依大司徒仁波切開示，「念」的意思是不斷持咒，「竹」的意思是練習；「念竹」則意指練習、修持。）

時觀想「吽」。當妳入睡時，這些字母會依呼吸的覺性而受到引導，睡眠將成爲不斷持誦的修法。從妳醒來開始，一天當中的呼吸有兩萬一千遍。接著持誦母音、子音和百字明咒。

如此，斷見和常見這兩邊都能被淨除。有如流水般不斷地持誦，能根除斷見；了知咒音爲空性，則根除常見。淨除這兩者之後，邊見化空，有如回音。蓮花明，若妳能如此禪修生起次第和誦修，就會獲得如妳所願的修行力量。

問：那麼圓滿次第的教言是什麼？

答：公主，圓滿次第是這樣的：情器世間融入宮殿，接著宮殿融入諸本尊，眷屬融入主尊，主尊融入關鍵種子字，那繼而化作無所緣取的狀態，禪修其消逝於虛空界中。

觀想自身爲本尊身，沒有凡常的概念，那就是聖誓言尊。

而自始本俱顯現的，就是智慧尊。

因此，非有、非非有，無生無滅，對本尊亦毫無執著。

誓言與智慧非二，打從其生起開始，就已經圓滿。

在生起的明分中，有圓滿空性。
在方便中，生起就是智慧，
因此其體性爲空。
安住彼處，離於空邊，
了知緣起相依，即是圓滿次第。
如是以深奧智慧作封印，
此一密咒乘，尤爲深奧。

⑲念誦梵文字母的五十個母音和子音（中譯註：一般稱為「子母咒」或「字母咒」）和「緣起心要」咒（中譯註：一般稱為「緣起咒」），據說能淨化發音錯誤等等的過失。

「母子音咒」的內容為：阿啊　一噫　烏嗚　日日　立力　唉欸　哦喔　昂母啊　卡喀噶嘎納　匝擦紮乍娘　嗒踏達大納　吧帕跋爸瑪　呀惹喇哇　夏卡薩哈恰。(a a, i i, u u, ri ri, li li, e ai, o au, am ah, ka kha ga gha nga, cha chha ja jha ña, ta tha da dha na, ta tha da dha na, pa pha ba bha ma, ya ra la va, sha sha sa ha kshah.)「緣起咒」的內容為：嗡　耶　達兒瑪　嘿吐　普惹巴哇　嘿吐母　喋香母　達他噶投　嗨呀哇逮喋香母　恰由　尼若達　欸旺　哇底　瑪哈夏惹瑪納　梭哈。(Om ye dharma-hetu-prabhava hetum tesham tathagato hyavadat tesham cha yo nirodha evam vadi mahashramanah svaha.)

公主，當如此修行。

問：見地的自性是什麼？

答：公主，當如此趨近見地的自性：首先是佛法的共同見地，其次是究竟勝義的見地，第三是無上阿底⑳的見地。

首先，佛法的共同見地，能從不同乘的個別傳統習得。

其次，雖然各個見地有著無數的名稱，究竟勝義見地的精要如下：可知的本基自性是無生、無滅、無住，在其空性的本質中，有其安住的自性。顯相無礙，既是空亦是明，無法用言語說明，因而不能說：「就是這個」。它超越來、去、常、滅的對境，無有諸邊的本質空性，離於常、斷等一切妄想，這是本覺的大見地。

第三，無上阿底的見地是這樣的：在見到六識的對境顯相時，能知道顯相了無自性，就像是倒映在海面的星辰。處於當下，安住於實相中，了悟一切都空於自性。若能如實見到這個本性、這個奧秘本覺，即是離於執著心意造作的見地，前際、後際、中際皆無有迷妄，因其住於無生之中。蓮花明，當具持如此之見地。

問：禪修的次第是什麼？

答：這是禪修的自性：證得並內化上述見地的本質，安住於此狀態，就稱作「禪修」。此外，若要安住明空「離於邊執的本質」而作禪修，身體就應該採取大日如來七支座[21]，接著禪修本具自性、光明空性，思惟所至便即圓滿。保持無念、無執，不要對禪修生起心意的執著。在空性無想、無染明性的境界中，所生起的一切都是本自解脫。

要如何對此做禪修呢？於外，是如倒影般的顯相；於內，是五根與六識所感知的顯相；於密，是心意動相能量的生起。一旦妳執著於任何一種狀態，就要立刻認出生起的一切都是妄念，並安住在無作無執的狀態中。

以此方式禪修眞實自性時，會生起各式各樣的粗細念頭。不要追逐過去的念頭，不要外迎未來的念頭，也不要耽溺於當下的念頭。不管生起什麼，都安住在此相續中，無有任

⑳阿底或阿底瑜伽是寧瑪體系中對佛教研修方式九種分類的第九乘。據說是一切修行和了悟的頂峰，和其他法乘相比，其觀點被認為是獨一無二的。阿底教法可參見「大圓滿」。

㉑大日如來（毘盧遮那佛）七支座。對這個姿勢，有如下的敘述：雙腿金剛跏趺，即雙盤，背脊挺直，雙肩展開，脖子微彎，雙手結定印，舌尖觸上齶，視線朝向鼻子的方向。

何執取。如此安住者，其本性亦空，如冰融於水。如果妳不具任何參考架構地於此境界中安住，將會生起樂、明、無念的覺受。具足體性、自性、悲心，妳將會證得三身之見。依於止（奢摩他），修持立斷和頓超。基於四燈，並且體悟四顯，則妳將會臻得法性滅盡地，即生成佛㉒。

在妳能確實獲此證量之前，應當從事身善業和語善業的正道，致力於四座瑜伽的修持，也就是黎明、早晨、下午、傍晚等四座。若能無誤地維持這四個時段的修持，就可因努力不懈而求取禪定。以此方式致力於禪修，蓮花明，妳便能在這一生就證得佛果。

問：行為的基礎是什麼？

答：公主，要如此從事行爲的根本基礎：不要屈從於凡俗心的力量。依據實相而行，也就是不顧此生的凡俗目的，應當思惟死亡和無常，棄絕所有世俗的作爲，抗拒迷妄散亂的力量。在妳於相續中生起一無所需的瑜伽律儀之後，便留在與世隔絕處和山居閉關。放下所有的念頭，斷除其他一切的活動。如法的行止，本質上就是菩提心的行止。以此，要禪修六道眾生都是自己的父母，並慈悲行事。

當妳依著自身目標、按照實相義理而行，也要同時按照禪修眞實自性的義理而行，那麼由此生起的行止，其力量將無有阻礙。所以，不要有取、捨或破、立，而應把對於作行的固著留在它自己的本基中。離於所作和作行的時候，本俱淨智的動相能量便會是圓滿的。蓮花明，要修習如此的行止。

問：證果的方式是什麼？

答：公主，證果的方式如下：果有勝、共兩種。共的果是依照妳已經在進行的修持，妳的壽命、福德、眷從、受用、弟子、名望、力量、法術、神通、能力等等，全都會按照自己的願望，不用希求即可產生。

殊勝（不共）的果是：基於誦修的生起和圓滿，透過各種方便和般若成就這些修持，

㉒這些全都是阿底或大圓滿修行所使用的術語。立斷（音「且卻」）和頓超（音「妥嘎」）是修行的兩大階段。四燈，或通常說是六燈，指的是在頓超修持時所運用的身心要素，而四顯指的是其所帶來的淨觀覺受階段。法性滅盡地是最終的覺受，即斷滅對法性的執取。

而證得本俱自性的本質。當妳得至清淨基位㉓的時候，就能確實且毫無迷妄地證得究竟本質。當妳對這兩端的取捨完全耗盡時，這個果就是臻得法性滅盡之位。

證得永不退縮果位之後，即使對法身也不起執著。超越諸邊，本淨地㉔即是至上的究竟果。

接著公主問到了她的未來生世：「通曉三時的大恩者，此生之後，我會有什麼樣的投生？在何種地方，什麼樣的國家？有哪些業緣？有哪些興起和衰敗、安樂與不幸等等？最後我會修什麼法？」上師我的回覆如下。

答：啊，公主，聽我說，這是妳往後的生世。在這輩子之後，妳會有幾年的時間在普陀山淨土，安住於密智母的跟前。妳的父親赤松德贊，將會有幾年的時間安住在五台山淨土的文殊師利處。接著，十三個世代之後，他會在洛札一個稱作湯秀的地方，投生爲名叫怙主娘讓㉕的人。他會從辛莫．巴爾傑崖的側面開啓深密的寶藏門，開顯十三個深奧的寶庫。

到那個時候，公主，妳的投生處會在西藏中部下札區的新鎮上。妳會是出生在犬年的女孩，父親名叫桑傑，母親名叫給措瑪，他們兩人都會早歿，而妳變成孤兒，在年幼時期就値遇佛法。妳會被稱作桑滇．奇。當怙主娘讓在桑耶取出伏藏的時候，由於往昔願力的趨使，妳會在那裡遇見他，他將會引導妳並娶妳爲妻。你們會生下三個孩子。妳聽聞我鄔金的甚深教授精髓之後，將會實修，證得明覺自性。然後妳會被稱作智慧母桑傑．奇媖，妳的眷屬和財物都會增長，而妳成爲了密咒教法的持有者。

妳的下一世會在洛札的拉達克，稱作匝爾地區的一個村子中。妳的父親名叫祖爾巴．桑傑，母親是仁欽．桑蕾．奇。妳會在母猴年出生爲他們的女兒，名叫貝瑪．諄。那時，怙主娘讓會生作龐如．卡爾騰和琴薩．諄瑪．奇的兒子，名叫咕汝．確吉．旺秋。他會來到叫做龐盅的地方，自南開．千開始，從各個伏藏地點取出我的諸多深奧伏藏。在他爲了利益待調伏眾生而努力工作時，會認出妳是具有甚深宿昔業緣之人而娶妳爲妻，你們將生

㉓清淨基位（pristine primal level）。

㉔菩薩乘通常使用十地來描述果。其他還有使用上至十五地的位階來描述佛果。這裡的「地」，或說是「境界」可能更合適，完全不是一般的「地」，而是使用了阿底乘的措辭。

㉕怙主娘．讓．尼瑪．沃瑟，1137—1204，是五位伏藏王中的第一位。

下三個孩子。爲了宏揚佛佗的教法，妳會建立稱作咕汝寺的毗訶羅❶，安置很多眾生於善法之中。

其後的下一世，將生於名叫藏宜・葉茹的國家，在一個叫作充薩的地方。妳的父親會是密咒士給桑，母親是津秋・桑滇・奇，妳會生爲他們的兒子仁欽・札。在修持深奧竅示並誦修威猛大力的鐵髮馬頭明王後，你會五次見到本尊，擁有非常大的威力和能力。

下一世，妳會生在錦塘的下尼雅區，成爲密咒士家族中一對謙卑夫婦的兒子，父母的名字是仁桑和多蕾。生爲母鐵兔年的楞遮❷，妳會有上等的資質和靈敏的感受。十五歲的時候，會遇見我的深奧伏藏，從當隆崖取出《空行心髓》，以及《星曜》、《伏魔金剛手》等法。妳會帶領所有和你有緣者一起去極樂世界㉖。由於眾人都受到邪力的影響，所以這次的成功只會維持很短的時間，在五十歲之前，就會有障礙前來。不過，妳的教法對有情眾生的利益將會持續很長的時間。

接著在西藏中部的上札隆地區，在一個叫作囊秀的小地方，妳會在蛇年出生爲一個聰穎的男孩，名叫祖多㉗，是滇巴和索南・奇的兒子。對於五明的通達，將會從智慧空界中泉湧而出。妳主要教授經續二部的講解和修行，對所有人都無偏私地傳授教法，並確保佛陀教法的延續。最終，之後妳會出生在苯塘地區。

問：在這之前的生世是哪些呢？

答：公主，具業緣者，聽著。至於在這一切之前的生世，雖然妳希望我解說各個轉世，但它們無邊無際，並無法斷言：「這就是輪迴的開始」。這無邊無際的生世，都不可能會到達輪迴的盡頭，也不可能會有人知道，直到成佛爲止。難道妳不明白嗎？至於有情眾生的接連受生，連我也找不出他們轉生的盡頭。但是，在妳這些生世之前的事情，我確實知道一些，不過沒有必要讓妳在不經意間感到憂傷。

---

❶毗訶羅，為梵文 vihara 的音譯，意思是散步、娛樂之處所。作為佛教建築的一種形式，毗訶羅指的是出家僧人集體居住靜修的精舍、僧院、學苑，後來亦泛指寺院。

❷楞遮（Lendrel），指貝瑪．楞遮匝伏藏師。參見前一章《信心之花：略述貝瑪．林巴的轉世源流》對這位伏藏師的記述。

㉖極樂世界，是阿彌陀佛的淨土。

㉗祖多是祖慶．多傑．洛卓的簡稱，這是龍欽．饒絳（亦稱龍欽巴或直美．沃瑟）的名號之一。

公主的淚水湧出，哽咽地再次懇求：「偉大上師，總而言之，究竟我的各個生世是如何呢？」

答：在這之前的生世，妳生為瑪谷塔王的長妃。接著七世為人之後，妳出生為現在的妳，也就是國王的女兒。由於妳曾祈願要見到我貝瑪，公主，妳將有接連六個生世，或男或女，出生於賢善的家庭。其中，身為男性的三世，將成為伏藏師；身為女性的兩世，也會和兩部伏藏教法有關。

問：生在苯塘的最後一世，是在哪個地點和國家？家庭背景如何？雙親姓名為何？

答：妳最後一生㉘的樣子是這樣的：於苯塘一個稱作確廓地區的中央，妳出生在一個看似雨傘邊緣的與世隔絕處，那裡有個三面森林圍繞的小地方，稱作巴日嶂。妳將會是紐氏的敦祝．桑和牧民帕吉．卓的兒子，出生在馬蛇年㉙，名叫貝瑪。

妳會有結實的身體和紅色的皮膚，軀幹有五個胎記作為莊嚴。在背部兩個肩胛骨中間，有一顆形似蓮花和鉞刀的紅痣；右手背的血管形似「啊」字莊嚴；心間有一個豆子大小的舍利。妳將會有淨觀的覺受，貪慾之心會被摧毀，粗言之聲有如馬鳴，開展種種佛法與非佛法的事業，遭受諸多批評與詆毀，但是利他之心會激勵妳，而妳將引導所有與妳有緣的人到殊勝道上。

問：在這最後一世之中，是什麼時候會取出深奧伏藏？會取出多少部伏藏？

答：公主，善心的具信者，妳將值遇的深奧伏藏如下：在猴年，當你二十七歲的時候，將會從燃燈湖中取出神聖的《密意精華》㉚。接著，你會找到一連串的授記指南，受託付的伏藏教法有這些：《意集》、《無上密意》、來自心部教法的《寶海》、《除闇明燈》、《一切輪迴皈依》、《極密心髓》、《圓滿勝義》、《空行心髓》、《金剛薩埵明光續》、《十七大續》、《大日密續》、《幼子續》（或稱《小子續》）、《極密九尊》，以及圓滿次第的竅訣

㉘最後一生或最遙遠的投生，這也許看來有些讓人困惑，因為貝瑪．林巴的化身至今仍然延續著。崗頂祖古仁波切解釋說，這是化身和轉世的不同處。在這裡所敘述的連續轉世之後，貝瑪．林巴證得最高境界，住於妙拂洲淨土，而化身則繼續顯現。

㉙依據各個傳記，貝瑪．林巴其實出生在鐵馬年（西元一四五〇年）。土蛇年是西元一四四九年，這裡的授記可能是為業緣情況提供一個緩衝餘地，所以說是馬年或是蛇年。

㉚《密意精華》即《普賢佛母界明意萃》，一四七六年取出。

法教。

接著是本尊的誦修九法：《大威德金剛》、《馬頭明王》、《金剛手》、《普巴》、《長壽佛》、《八大成就言教．極密意鏡》、《鐵髮馬頭明王》、《寂靜蓮師》與《忿怒蓮師》。這些是無上密的九法。

與此類似，空行之法有《捷道海》、《黑忿母》、《紅亥母》、《金剛瑜伽母》、《妙音天女》。這些是空行母的五法教。

另外有來自《熾燃天鐵金剛續》的護法之法：《瑪寧》、《一髻佛母》、《黑命魔》、《善曜》、《赤黑普傑》、《金剛善》、《獅面魔護》、《吉祥天女》、《白嘎爾》。這些是護法的法教。

還有很多其他的各類法門，妳在最後一生會無有遺漏地取出那所有的深奧伏藏。

問：偉大上師，會有哪些具緣者前來持舉這些深奧伏藏？

答：持舉伏藏教法的人有這些：一位來自雅爾隆、名叫札巴的人，一位來自工布、稱作旋努．達摩的人，還有袞秋、索南、嘉岑、森給、札西、巴登這六位來自康區的具緣者。來自工布的佛法大師，有確久、貢多、南嘉、昆札、索南、帕久、仁欽・森給、多傑・巴登，這些是工布的八大法師。來自後藏的五位佛法大師，有釋迦巴、崗桑巴、確隆巴、洛卓巴、祖古瓦。竹尼雅和庫札爲來自前藏的兩位佛法大師。洛卓和昆札會是拉投的佛法大師。一位叫作索南，一位叫作諾布，還有稱爲隆揚巴和巴登的人，這四人會是洛札的佛法大師。索巴、依當、祖古、塔凱等四人會是尼雅羅的佛法大師。姜措、仁欽、札西會是來自苯塘的三位佛法大師。

除了這些人以外，還會出現來自其他各個地方的佛法大師和眾多具緣者。他們會延續法脈，增長眾生利益，並且維護佛陀教法的生命力。

問：在我的最後一世，我會用自己的身、語、意、功德、事業，為有情眾生成就什麼樣的利益？我會活多久？之後投生於哪一個淨土？

答：公主，具信者，聽我說。妳以自身利益眾生的地域，遍布洛札、不丹各地。妳的語將會毫無偏私地利益那些具緣弟子和具信者。妳的意將會毫無遺漏地利益所有具信男女和悲心對象。妳的功德將會直接利益那些虛心納受的法嗣，並且清除一切眾生的懷疑。由於妳無徧地運用一切有效方法在與妳接觸的所有眾生身上，因此，妳的事業將無徧地利益所有眾生。

在不丹、前藏、後藏、工布、康，妳會成爲無與倫比的密咒教法護持者。如果妳能不涉及三昧耶破損者的過犯等惡緣障難影響，就會得享完整的壽命，成爲七十六歲的聖者。如果妳能以懺悔、事行等來成就長壽，並且修持我貝瑪的極深奧修行，甚至可以活到八十歲。

當妳達到這一聖世的壽命終點時，身邊將會圍繞著百位高階學者㉛和親近眷屬的聚眾。妳會有一萬名具有宿緣者，一千兩百名因祈願而結緣者，十一位透過深奧要義而結緣的法子，七位持有壇城的法子，三位心子，三十位具有宿緣的護持者，還會有很多信徒。

那些經由佛法、灌頂而和妳結緣的人，若是未有三昧耶的違犯或過失，將投生於持明的果位。經由金錢、食物而結緣的人，下輩子將投生爲有財有勢的人。甚至是那些只因見到、聽到、憶念、觸碰而結緣的人，都將投生爲待受度化的對象。任何與妳有身體接觸者，如果能在道上毫不退轉，將會在捨棄其女性身軀之後，證得持明位。只要是結了緣的眾生，甚至是一隻蟲子，也都會步上修行之道。

問：未來，找到這些伏藏的時候，持有傳承的聖者、法嗣、具信施主、具緣僕役、弟子田和佛法灌頂的傳布將會如何？會有什麼樣的快樂痛苦、高低起伏、事業名望、障礙境緣等降臨在我的身上？

答：公主，在未來，那些現在與妳結緣者：男女佛法修行者、上師、家僕、臣子、侍從、廚子、密友、侍女、所有與妳有緣的女子、批評妳的懷疑男女，他們有些會生作傳承持有者的孩子，有的成爲王子、公主，有的成爲僧人、弟子，有的成爲具信施主，有的成爲侍從僕役。對於那些結了緣的女子，有些會成爲妻子和手印道伴。臣子和侍從將進入侍調伏者的世界。至於那些現在心存懷疑的人，有些會變成邪惡化身的弟子，有些會捨棄他們的三昧耶，有些會是敵人，有些是批評者，有些是懷疑者。在與妳結緣的眷屬中，有些會具有信心和具持三昧耶，有些則不會，什麼種類的都有。到那時，由於妳以貝瑪爲名，因而會吸引尊貴種姓的女子，她們全都會變成弟子。最後，在妙拂洲淨土，他們會前來和我安住在一起，不即不離，全都成爲祥和兆相及部族的一員。

㉛字面意義是「撐寶傘的教授」，意指在非常重要的宗教人士頭上撐著寶傘的習俗。

由於有些惡人並不持守三昧耶戒，因此會生起讓妳減壽的一些魔障，重要的是，要能辨別抉擇而不犯錯。破誓言者、騙子、江湖術士、善於玩弄世間權術的人，都將出現，正所謂：「道高一尺，魔高一丈。」重要的是，要有正確的吉祥緣起。因此，雖然妳確實具有宿緣，但吉祥的緣起可能會同時出現，也可能不會出現，所以，詳作檢視是非常重要的。在具有宿緣的待調伏群眾中，混雜著清淨與不清淨的人，然而妳將會感化他們的心。

至於妳自己，會有交替而來的興盛與不幸，上下起伏，因爲一個人在各個生世的作爲都是有善有惡的。如同之前所解釋的，佛法最終將會廣爲傳布。至於名望方面，將會好壞兼具，還有各種不實的批評，但是每一種惡意指責都會獲得平反。至於邪惡勢力的方面，將會有很多出現而引發貪瞋。不管妳怎麼想，都要以悲心作禪修，對自己的行爲嚴謹負責。依據深奧祈願的效力，惡緣將會受到妳的控制。由於可能發生的邪障是未知的，所以應該要避開破誓言的人等等。還會有很多背負著貪、瞋、劣食[32]的人，所以要小心翼翼。拒斥依於不善家族印侶的方便，堅持從事薈供、懺罪、修復誓言，精進修持長壽法。即使是佛陀興世，五濁惡世的有情眾生仍然會挑出毛病。在照顧好妳自己的福祉之後，爲了利益他眾而維持悲心，這就是一切勝者的修行。

公主以淚洗面，問到：「完成待教化者的利生事業之後，我能否前往妙拂洲？不管我投生在哪裡，我具宿業的法子是否都會前來和我在一起？那些和我有緣的人，會不會在我之後出生？如果我前往妙拂洲，我會獲得四種持明果位㉝中的哪一種？

答：賢善心意的公主，迷人的天女，透過善業善緣，從今以後妳會一再地見到我，並且每次都能增長先前的宿緣。現在受到虔信感動淚水侵襲的人兒，妳以誠摯信心所作的祈請永遠都會實現。好孩子，我具有大悲心，怎麼可能不賜予加持呢？其實我們會在禪修覺受和夢中相會。當妳取出妳的命定伏藏之後，將會毫無障礙地生活，利益眾生，直到六十八歲為止。若能移除妳的壽命障礙，或可活至八十歲或七十六歲。

最後在妙拂洲，在鄔金面前，妳將會證得任運持明的果位。那時，所有和妳具緣的人，都會證得道、地不同階段的成就，而且必定會前來和妳在一起。經由妳現在祈願的大力量，到時他們會一起來到淨土。證得淨相之後，妳會在一億世界都具有化身，以身、

㉜意指嫉妒。

㉝持明位是密續道的果。四種持明位是：異熟持明，長壽持明，大手印持明，任運自現持明。

語、意等行爲，成就對眾生的無量利益，直到輪迴三界空盡爲止。

問：鄔金仁波切，在那發生之前，當名為貝瑪者從事伏藏教法時，除了那些命定的教法以外，還有什麼其他的法緣？正確通曉學識的兆相和證明為何？

答：公主，聽著，心愛的孩子，在妳的最後一世、當妳致力於我的深奧伏藏時，除了那些妳自己命定的法以外，還會無偏地涉及並取出其他新、舊兩派的教法，包括教傳和伏藏。特別是，在這兩個生世當中㉞，妳將會取出《大圓滿極密無上法類》、《明空心髓》三部、《普賢意集》、《寶海》、《圓滿勝義》，以及我藏在西藏的所有伏藏教法，再也沒有比這些更深奧的了，它們猶如心之血一般。

妳會精進實修這所有教法的生起次第和圓滿次第。由於過去修行的宿業能力，妳不需要學習，就能理解各式各樣的學問。這個智識上的慧力，表示妳將能通達經續二部的義理，並因爲從前就已經圓滿了修行，證量便會於內生起。妳不需要造作自己的行爲，而由於妳能夠理解生起、解脫、效用，於是將發展方便和般若的潛能，並在辯論時永不退敗，展現出此一明覺。

妳將不善於與人交往，並會毫不留心地按自己的感受直白說話。由於妳身為具有方便法門的勇父，女人會聚集在妳身邊。妳具有梵天的語音，弟子眾會對妳著迷。妳具有青春美好的身軀，什麼都說得出來。因為妳自己的性情多變，其他人不會聽取妳的看法。妳會用難以預料的各種方式修行佛法和開展密行。在努力獲取能力和兆相的時候，妳會毫不做作地從事各式各樣的行為。彼時，在取得所有賢善功德的時候，各種邪障都可能倏然生起，故當愼密地檢視，並且深謀遠慮。

問：如果這些是修行的戒律，那麼一個人要如何正確修法？

答：公主，這是正確修法的方式：對於死亡、無常感到痛徹心肺，憶念輪迴海的痛苦，緊迫感在妳的相續中生起。持守這瑜伽士律儀，恭敬承事一位眞實可靠的上師，虔敬地視上師為眞實佛陀，遵守上師的教誡，毫不違犯。強烈希求不被身體性命的顧慮所驅使，安住於不

㉞指作為龍欽・饒絳巴和貝瑪・林巴的這兩世，他們共享某些伏藏法。有些關於伏藏地點的指南是由龍欽・饒絳巴所有，但是直到貝瑪・林巴那時才被實際取出。有些是由龍欽・饒絳巴取出並再次封藏，留待日後由貝瑪・林巴再次取出。

執著自己所有物的境界中，只要能夠取悅上師，甚至能供奉出自己的心臟。即使沒有獲得教授，也要經年累月地隨侍上師，留下就只是爲了令上師悅意。

在聽聞眾多的深奧竅示之後，要以完全的決心和能夠起修的理解，如教導所說地勤奮修持。如同守護自己的雙眼那般，守護自己的三昧耶。即使是上師最微不足道的命令也不違反。聽從上師所教誡的一切，精進修行。這些是最爲重要的。

之後，在實修時，培養對修行的熱忱，不受世間八法的塵垢所染。如果妳持守深奧教授的要點，覺證將會引生決然的出離心和對世間事務的不滿，永遠不會離於對輪迴的深切厭離心。如果妳能放下自身的目的，利他心就會生起。隨著高度的證量、嚴謹的行止、極大的厭離心，相續的證悟將會由內生起。培養對一切都無分別的淨觀。正確致力於見、修、果之後，妳將會證得空性悲心的究竟見地，成就自他二利的宏偉目標。

如此珍惜佛法，確實非常重要。那些無法眞正趨入的人，那些濁世的「佛法修行者」，不會致力於正確的見地和行止。他們沒有時間聽聞，卻想要禪修；沒有時間禪修，卻想要作講解。他們還沒有成熟自己，就想要爲他人灌頂；自己還沒有解脫，就想將覺受指導傳授給別人。那些人不做禪修，卻假裝在禪修；沒有證量，卻供養假的證量；沒有解脫，卻提供假的解脫；沒有覺受，卻對空性大做文章。表面上，他們是可敬的學者，自命不凡，以念誦塑造出博學多聞的假象，自己沒有功德卻對別人大肆批判。他們的名號爲何？法王、仁波切、開悟者、成就者、洛本、堪布、大禪修者、瑜伽士、比丘、格西、僧伽㉟。他們標上這些清淨的稱謂，這些佛法修行人穿的是華美的紅衣和錦緞，在西藏這裡能見到很多這樣的人。

大致而言，在這五濁惡世，惡力侵襲的徵兆就是：騙子會比好人更受歡迎，贈與一小塊美味食物會比衷心解說教法更爲人所好。修行者自己不去證得對禪修的覺受，卻指望有益外緣的聚集。因爲有各式各樣的蠻族罪犯，所以沒有人能夠成爲山居的偉大禪修者，因此總體而言，那些大禪修者將不會有證量。僧人不守戒律，瑜伽士不具三昧耶，密咒士也沒有力量。魯莽上師的弟子會四處聚集，兜售他們自己的名聲。不持戒的女孩偷偷和僧人

㉟這些是目前仍經常使用的尊稱和位階，所以用的是藏文，有時則是用梵文。意譯是：法王或確傑、珍貴者或仁波切、開悟者或托登、成就者或悉達、修學上師或洛本、方丈或堪布、大禪修者或貢千、苦行者或瑜伽士、比丘或給隆、善知識或格西、僧伽。

有染，素行不良的男孩偷偷和尼姑交合，寺廟牆垣的罅隙間則布滿出家眾私生子女的屍體。

他們會說自己是在修持密咒，但卻沒有方便道的功德。他們會說自己具有戒律，但卻從不持戒。爲了換取財富而販售深奧密法，精進全都用來施行咒術和製造障難，法語則由在家人傳布。而在空性的高深哲語中，所有女子都會受到尊敬。弟子對自己的上師秘而不宣，卻到處宣揚自己的偉大。雖然有很多人希求佛法，卻只有少數人想要上師。在過去修行宿業被喚醒的具福聖者中，只有少數人不會從他們的祈願中退轉，這些眞正修行佛法的少數人，將會四散於西藏之外，僅有少數人留下。

問：如果這些是行持佛法的要點，佛法實踐的修行次第又是如何？

答：公主，姑娘，我心愛的女兒，這是具義殊勝密咒乘的修行次第。

首先是禪修一切顯現皆爲本尊（身）。一切顯現的形相都是本尊的自性，應知智慧尊和誓言尊二者無別爲一。

其次是聲音（語）。禪修外在世界的一切聲音，以及世界中的眾生語言，都是所持誦的咒音。

第三是造成念頭和記憶運轉的所有心理活動（意）。在無有執著的空性中，因了知一切存有不需做任何修整，而於此狀態中寬坦禪修。

第四是繞行（行）的方式。無論妳何時何地出行，觀想在妳右方的虛空中，於一朵千瓣蓮花、日、月所形成的座墊上，是妳自己的根本上師，他的周圍環繞無數勝眾，周圍是十方無邊無際的諸佛，以及無數的本尊、勇父、空行母眾。觀想所有眾生在妳的帶領之下，向祂們作繞行，以淨化障礙。藉由如此方式的禪修，將會生起無邊功德。

第五是安座（住）的次第。無論你停駐在哪裡，無論是在什麼樣的地方，禪修那就是本尊的宮殿。其中，觀想自己是本尊。在大無爲心意的境界中，思惟妳將會留駐直至輪迴空盡爲止。這是深奧安座的不共次第。

第六是躺下（臥）的次第。觀想自己是本尊，在一張舒適的床上躺下，思惟妳要把持名明和夢。禪修上師在自己的心間，其後倚靠身體的右邊側躺，屈肱而枕，住於無爲的心意中，沒有任何念想。如果妳在這實相境界中入睡，明光將會生起，這是深奧睡眠的功德。

第七是起床（醒）的次第。當妳在早晨起床時，依據生起次第的教言作清楚觀想。沒有關於自己的任何參照點，從空性之中，思惟爲了利益待教化的眾生而生起悲心的幻身。

禪修會使空性和悲心得以完全現前。以此，完全斷除凡俗眾生的所有妄想，之後則生起為本尊的自性。

第八是進行飲食、薈供（食）的次第。觀想自己是本尊，想像在面前的容器是一個巨大寬廣的合宜顱器。觀想五肉、五甘露的精華，想像自己的手是金剛勺，口誦：「嗡、啊、吽」而攪動其內盛物。根本上師和傳承上師眾在自己的喉間；本尊在心間，空行母、勇父、護法在臍間；其他諸眾則如一袋溢出的芝麻子那般，處處可見。在自身中生起這觀想田，想像妳是在對它作供養，自己享用飲食。接著，將殘食擲於面前，念誦：「嗡啊吽」並觀想六道冤親債主而施予之。接著，思惟聖眾感到歡喜，以迴向願文封印修行。如果這麼做，這些便不會是尋常的食物，而是能積聚無量無邊的二資糧，成為豐富的殊勝成就。這是飲食的甚深方式。

第九是滌除過失障礙的次第。觀想自己是金剛薩埵，心間月壇城上有「吽」字，周圍環繞著百字明咒。透過持誦百字明咒，觀想無垢的淨水流下。就在持誦的時候，開始排放。首先，充滿自己的手掌，將它供養為「堆供」；接著喝下一手捧的量；然後用剩餘部分清洗自己。如此禪修妳的過失、違犯、意障全都獲得清淨，自己的感受變得清晰，五蘊也重獲活力。這是洗淨的深奧次第。

第十是道的次第。如果妳極為精進地正確求道，將會有立即和究竟的無量功德，因為金剛乘是方便和吉祥緣起的不共殊勝深道。

第十一是禪修真實自性的次第。一切安住都應該離於迷妄散亂。當妳安住於真實自性的修持時，應該以任何舒適的姿勢擺放身體。接著，顯相——六識對顯現對境的概念——以及從心中生起的活動（心所）自然散去，無執於心意的存有方式，而是本自解脫的。這是禪修真實自性的次第。

第十二是立斷和頓超。在此顯現修行之時，以三不動㊱作為基礎，毫不動搖地對於生起的一切執取，加以立斷。接著，既不禪修亦不散亂，自然安住於廣空中，開啓通往四燈之門❸，達致法性滅盡地，即四顯的最後修行。這就是立斷和頓超的次第。

㊱三不動：⑴身體姿勢不動，氣脈放鬆自任；⑵根門不動，顯相增強；⑶無造作心不動，明雙空運。取自吉美・林巴的《智慧上師導引》，p. 49a，引自敦珠仁波切一九九一（2: 122）。

❸「四燈修法」為：遠境水燈、明點空燈、自生智燈、本覺界燈。

第十三是安住在實相廣空中。結合廣空和覺性，智慧瓶身灌頂乃是三身相融之果。安住在無生法身中，即法身的本自安住中，這就是其次第。

以此方式，不管是做哪些佛法修行，特別是那些依止我鄔金修行深奧伏藏法的人，都要珍視這十三次第，無論是共或不共的修行皆然。

問：為了保護自己免於障礙，我應該如何禪修保護輪？

答：賢善家庭的公主、我的心子，入於深奧密咒義理的時候，禪修保護輪以抵禦內外障礙，至關重要。這有兩方面：寂靜的和忿怒的。

首先是寂靜護輪。禪修自己是大悲觀世音，身色爲白，一面四臂，巨大如山，充滿整個地方。觀想祂的顯相毫無實質卻清楚現起，在一切時地都沒有動搖或變異。迎請六道的所有障難力，以無量的悲心思惟：「我將成就利益一切眾生。」如此而禪修菩提心。一切作障者見到妳都會感到歡喜虔敬，並且在那狀態中，會想要成就妳的利益。在如此歡喜思惟的時候，就不可能對妳造成障礙。

其次是禪修忿怒護輪。禪修自己是大力大蓮花馬頭明王，四肢巨大粗重，威猛怖畏，前進立姿，一足舉起，立於威光之中。頭上有一個嘶鳴三聲的綠色馬頭在頭髮中央，觀想八部神鬼都在其統御之下，一聲嘶鳴便頒布號令與誓言，三聲嘶鳴則粉碎作障勢力，使其有如被風吹散的飛灰，四散於不可見的十方。從妳的心間化現兵器帳，在上、下及四隅都變成金剛杵、斧、劍、輪、十字杵等兵器帳幕。想像一切障力都感到怖畏驚慌，被吹到外海的對岸，在那裡，甚至連劫風也無法解脫它們。接著禪修，在所有的空隙，從妳所有的髮囊、毛孔中，出現很多微小的忿怒尊保護自己，他們執持兵器，如繁星般閃動著。如此修行，則什麼都無法入侵作障。修行時，應該一直修此甚深護輪。

問：禪修保護輪的時候，正行是什麼？自他的利益，兩者何者為重？一般而言，應該藉由何種事業來達成？

答：聽著，妳這位迷人的公主。主要是在求取自身的利益時，應該成就三身，並修行秘密導引的竅示。若是爲了求取他人的福祉、眾生的利益時，則給予導引和灌頂，並爲了利益他人而累積業行。如果妳希求見到我，就修持密法，並不斷向我祈請。如果想要吸引具誓者和空行母，就努力修薈供和還淨。如果想要懷攝護法成爲眷從，就修生起次第、持誦和食子供。如果想要生起樂空的身體覺受，就依靠一位事業印侶。如果想要滅除長壽的障礙，就避開三昧耶破損的變節者。如果想要調伏眾生，就禪修菩提心並放下偏見。如果欲求更大的富裕，就向上師供養任何種類的薈供。如果欲求生起身體的力量，就透過修持長壽法和具格空行母，精進獲取生命力。

放棄對此生的專心致志而修持勝義，思惟死亡就在身邊，培養一無所需的心態，引導自心嚮往出世之法，把三寶作爲自己的神聖皈依。這將會使得功德從內生起，了悟顯現，而且，在有意義的時候，悲心之力也會生起。只要是能和妳結緣的人，妳所接觸的一切都會變得深具意義。

直到那發生之前，當要熱切地進行閉關。如果這麼做，則不管是爲了自他利益做任何事，最終都會達成，妳會成爲眾生的具格導師。這些是我親授的教言，公主，每一點都要牢記心中。

問：喔，鄔金仁波切！請告訴我，在我最後一世最後傳法時，就人類時代而言，當時教法興衰的情形為何？

答：公主，具信者，聽我說。在妳最後一生的壽命將盡之時，那五濁增盛的時期，教法將會衰微。在那刀光劍影的時代，人壽約為五十。那是九貢波[37]兄弟從漢地來到西藏的時候，貢波靈會進入所有人的心中，所以到時會有種種倒行逆施的行為。經咒二部的教法都會衰敗，雖然看似興起，但是成就非常罕見。孩子不聽從自己父母的話，會是空蕩蕩的無政府混亂狀態。

屆時，在下部雅隆，王族的業報成熟，貌似霍爾人的非霍爾人[38]將會入侵，會有十八大氏族領袖彼此意見不合，他們的爭戰會導致軍隊在前藏和約爾如海翻騰，拉薩和桑耶都會捲入戰爭中。在來自後藏的臣民反叛後，洛札將被永久摧毀，苿塘大受影響。在洛投．德之下和洛美．卡曲之上，會建立起一處霍爾人的營地。從東部的工起，軍隊如毒湖般溢

[37] 貢波是一種邪靈，象徵我執，有時被列入神鬼八部之中。也被描述成是巫師、術士、蠱惑人的邪魔、饑渴的靈類、惡靈、造成疫疾的魔鬼。

[38] 霍爾人分別被當作是土耳其斯坦（突厥斯坦）的維吾爾人、蒙古人、藏北平原的遊牧民族，或泛指北方殘暴的遊牧部落。在這裡是指非常殘暴、無特定對象的侵略者。

流，在每一個隘口都建立起碉堡。那個時候，隱士祕境會自行開啓，大地無法保有其寶藏而自行氾濫，那是受到絕望重疾牢牢掌控的時期。

彼時，宗教學者成爲將領，出家人則成爲指揮官，僧人不守戒律，密咒士不具三昧耶。那個時候，寺廟的宗派內鬥，修行人向在家眾尋求皈依，女性的地位崇高，在家人講述法語，且女孩子給予教言。那個時候，人們穿著不合宜的衣帽，博學僧人居住在大眾百姓之間，女人會購買毒藥來使用㊴，上師如狗般四處流浪。在那個時候，密咒乘岐入苯教，傳授灌頂之門被鎮壓，秘密教言被公開講授，騙子給予假灌頂，聖者耕田，佛法修行者具有粗重的貪瞋，尼師變成保姆㊵，聖者破戒。到那個時候，半數人會死於兵器疫疾，無藥可治的瘟疫爆發，諸大元素的盛衰消長失去平衡，有很多毀滅性的雹暴降落在莊稼上。

發生這些事情的兆相，是空中的一道閃電，破德彗星五次從北方降臨，雅隆的水晶山崖裂開，索塘·貢波的山岳開始燃燒。當禿鷹降落在顱山上的時候，就是各式各樣失衡不調、侵襲纏繞的年代。

到那個時候，不幸的西藏百姓實在是令人憐憫呀！對王室命令和王族的報復眞是恥辱，廟堂寺院會被鎮壓，族長治理會因內鬥而中斷。然而，在那個時候，一時些許的快樂歡喜還是有可能的。的確，很多具有學習和宗教功德的個人會出現，例如修行大師等，但是教法的興衰將會有如春天的太陽。

會有在家人給予不如法的教言，派系傾軋，在大禪修者的山上爭戰，還有懦弱不實的上師、充滿貪瞋的修行者，以及密咒士之間的內鬥。由於這所有的不當行爲，世間護法和親近佛陀教法的神靈會別開祂們的臉，遁入神山之中，而黑暗邪力的臉則會朝著外面。每一年的狀況都會愈來愈糟。到那時，沒有伏藏的冒牌貨會僞裝成伏藏師，試圖用他們的非伏藏教法幫助眾生。這表示辨別鑒察將會至關重要，必須小心區別什麼是佛法、什麼不是佛法，何者爲眞、何者爲假。

這裡的重大啓示就是，不可弄錯誰是眞正的上師，而要尋找眞正持有勝者教法之人。在向這樣的人求取完整教言之後，到一個僻靜之處，依照所賜的教法修行。如果妳努力實修，上師寶的加持就會進入，淨化身、語、意的障礙，並獲得三身之果。

㊴這顯然是指一種信仰，相信能夠藉由毒死侵入者或外來者而取得死者的福德和生命力。

㊵這是說尼姑會有私生子，而必須撫養這些私生子。

問：請賜予我根除障礙並利益教法的法門。

公主，善心的人兒，聽著，這是利益教法的法門。新年春天的第一個月，在星辰遷移的吉時，搜集五種珍貴物質㊶、五穀、上等五絲、五藥材，聚集三白三甜㊷，以及具有精華生命力的食物。在一個用土大（元素）所製，用火完全燒烤過，以五佛部幟相作莊嚴的嘎烏盒裡，倒入各個物品，將開口處封住。前去東、南、西、北四個方位的地方，以及山頂、高峰等處，埋藏內有諸物的寶瓶作爲寶藏，向山神、山靈講述眞實語，在祂們見證之後，將會聽從妳的號令。並且就妳的願望作祈禱：

天神、瑪姆㊸、曜力、贊靈㊹、魔力、龍族、此山的地主，你們這些顯相中的一切神魔眾，藉由我所埋藏的這個深奧寶藏，請在雨季時下雨，年年豐收，停止散播人畜疫疾，平息當代爭戰，減少兵戎時期，令一切眾生皆得安樂吉祥。

妳對神鬼八部一視平等地如此講話。如果每年都這麼做，那個地區就會免於致命的雹暴饑荒，當下正在爭戰的軍隊會平定，疾疫不再生起，所有眾生皆得安樂。

公主做禮拜和繞行，說到：「上師所說的這一切，這些問答，這個女孩不會忘記，並將付諸實修。」接著王女蓮花明執起鄔金的雙足放在自己頭上，說到：「怙主上師寶，爲了讓我一直都有具義的緣分，請在我的生生世世都照看我，並請祈禱我最終會投生於妙拂洲。」在她這麼說的時候，臉龐佈滿了淚水。

「妳，具信的公主啊，」我回答道，「從今直至妳證得佛果爲止，無論妳投生在哪裡，我都會照看著妳。公主，妳和所有的眾生，無論男女，由於我接下來的祈願之力，將會進入深奧成熟解脫的密咒之門。任何人，不管現在是以何種方式結緣，在未來，全都會來到妙拂洲的吉祥山頂，來到我和所有男女持明者的面前。當這些具緣者齊聚彼處時，我們會講解成熟解脫的生起圓滿，日夜常轉法輪。

「證得本覺的要點後，願我們能夠安住在法身中，與在西方極樂世界的本初怙主阿彌陀佛

㊶五種珍貴物質：金、銀、青松石、珊瑚、珍珠。或者是：金、銀、銅、鐵、鉛。

㊷三白三甜：酪、奶、酥油、糖、糖粲、蜂蜜。

㊸瑪姆，與湖泊相關的女性靈類。

㊹贊靈，八種神靈中的一種。

相融無別。」

在我作此祈願之後，公主說：「鄔金．貝瑪，三時眾生之主，我請求您永不間斷的恆久慈愍。無論我生在何處，無論我活在何方，請永遠悲心看顧我，如同母親照看孩子一般。從今直至我成佛為止，請悲心護持我，即使一剎那也不分離。這個對答有如精煉過的金子，請將它寫下，作為深奧伏藏而藏起，使得我在未來，在我的最後一世，能夠再次值遇它。」

因為她作此請求，所以我鄔金將此寫下，藏在洛札的藥石崖（曼多）。未來，願我名叫貝瑪、持有瑜伽律儀的孩子能夠找到它。以此祈願，我將這封藏於藥石。

薩瑪雅　甲甲甲　瑪塔朵啊　德兒甲　貝甲　迭甲　卡塔母　依啼

（三昧耶；封印，封印，封印；瑪塔朵啊；伏藏封印；隱藏封印；託付封印；保持緘默；依啼！）

我，貝瑪．林巴，從洛札曼多的獅面崖取出此。

3

創芭堅公主與上師之間的問答

取自《寶海上師》①

頂禮持明貝瑪！

當鄔金‧蓮花生大士住在桑耶青埔的時候，湖女公主和二十一位女士向他請法。其中有一位女孩，美麗動人，不像是人類的孩子，更像是天神的孩子，她就是創芭‧堅公主。她拿著母親的寶石酒杯，上有蓮花圖案，盛入葡萄酒，供奉給鄔金，說道：

哀哉，鄔金仁波切！一般而言，所有的女性，特別是我自己，都已在過去生世積聚惡業，因而生為女身。

具有如此卑微的身軀，
除了自己的父親以外，我們沒有別的倚靠，
但父親又不珍惜女兒。
除了自己的母親以外，我們沒有別的慈愛，
但母親和女兒又會走上分離的道路。

我們總是想著自己的兄弟，
但兄弟卻將姊妹們當作商品在交易。
父母和兄弟各自商談，
女孩則被留在輪迴中。
請以慈悲護佑我，
我從內心作祈請！

我們的心在佛法中尋求善德，
但是女孩們卻不能自由追隨佛法。
為了免於訴訟，
即使是很糟的伴侶，也得留下來和他們在一起。
為了避免惡名，

①收錄於《貝林伏藏法》（*pad gling gter chos*）第一函（Ka）：353—70頁。參見附錄乙。

陷入輪迴的泥沼中動彈不得。
鄔金蓮花生大士，
請以慈悲護佑我，
我從內心作祈請！

我們年輕的時候，忘記佛法，
而在持家的時候，造作惡業。
等到年老的時候，方才憶念佛法，
但卻已年老力衰。
鄔金蓮花生大士，
請以慈悲護佑我，
我從內心作祈請！

我們受到道上惡魔的矇騙，

而踏上歧途。
我們受到惡業之風的追逐，
於是進入輪迴的泥沼。
鄔金蓮花生大士，
請以慈悲護佑我，
我從內心作祈請！

女孩們僅有些微的才智，
故必須尋求男人的建言。
但能讓我們向上的維護者卻很罕見，
於是，我們找不到帶領我們親近佛法的嚮導。
墮落造惡者的力量極大，
以至於我們聽取所有人的顛倒建言。
鄔金蓮花生大士，

請以慈悲護佑我，
我從內心作祈請！

我們離開安樂的家園，
浪跡於某男子的遙遠國度。
雖然我們自己積聚了財富，
卻是新歡妻妾才得以享用。
鄔金蓮花生大士，
請以慈悲護佑我，
我從內心作祈請！

雖然生起了絕望與悔恨，
卻無人教導眞正的目標。
雖然淚水不由自主地淌下，

卻被說成只是女孩的戲碼。
鄔金蓮花生大士，
請以慈悲護佑我，
我從內心作祈請！

雖然內心感到懊悔，
但卻無人展露悲心。
雖然我們計劃步入佛法，
懷疑卻潛入我們的心裡。
鄔金蓮花生大士，
請以慈悲護佑我，
我從內心作祈請！

女人是如此愚蠢無知，

對佛法沒有理解能力。
女孩是如此怒氣沖沖，
被困在狡詐、虛僞、欺瞞之中。
鄔金蓮花生大士，
請以慈悲護佑我，
我從內心作祈請！

我們因世俗活動而散亂，
沒有機會得遇一位上師。
若我們眞能和上師相處，
師母又對我們大吼大叫。
鄔金蓮花生大士，
請以慈悲護佑我，
我從內心作祈請！

雖然我們處於嚴謹、與世隔絕的閉關，
卻會遇見卑劣的敵人。
雖然我們進行自己的佛法修持，
卻有惡緣障礙的干擾。
鄔金蓮花生大士，
請以慈悲護佑我，
我從內心作祈請！

由於過去業報完全的成熟，
因此我們得到現在的劣身。
至上的父親，鄔金．貝瑪，
請關閉投生爲女子之門！
鄔金蓮花生大士，
請以慈悲護佑我，
我從內心作祈請！

來世請讓我獲得男身，
變得獨立，
如此我才能投身佛法，
證得佛果。
鄔金蓮花生大士，
請以慈悲護佑我，
我從內心作祈請！

請在心中思量我所說的語意，
並以大悲護佑我！
令我能逃離煩惱的痛苦，
將我從輪迴泥沼中解救出來！
鄔金蓮花生大士，
請以慈悲護佑我，

我從內心作祈請！

我，鄔金，對此思量之後，思忖：「這個女孩並未受到懷疑或分別心所繫縛，她已對輪迴生起由衷的厭倦，似乎確有修行佛法的眞誠意樂。如果我不傳授對她影響深切的佛法，她對輪迴的厭倦就無法持續生起，佛法也不會一直停駐在她的心中。」我如此作想，於是以這首道歌回覆了她：

創芭・堅，諦聽並如此思惟：
能幫助妳的是什麼？親戚幫不了妳。
妳遺棄了眞正的目標：神聖佛法，
而偏好煩惱的輪迴。
妳捨棄家園而浪跡於某男子的國度，
遺棄自己的雙親而依靠丈夫。
妳捨棄自己的手足而禮敬他人之親，

捨棄自己的要務而服侍別人。
捨棄雙親的孤獨人哪，
忍受這些不快的忠實人哪，
妳是早上最早起床的人，
又是晚上最晚就寢的人。
痛苦沈重的工作量日益增加，
妳爲了供應衣食而做牛做馬，
日夜辛勤，
完全投身於這些繁重事務中，
一旦妳那壞脾氣的丈夫回家，
妳卻甚至無法完成工作。
他暴跳如雷地亂喊：「妳這醜陋的老女人！」
妳含辛茹苦，卻得不到任何感激，
妳僵直的背上扛負著大量的業報。

如今，妳已然獲得這個珍貴人身，
猶如已到了金銀島，
創芭·堅，難道妳會空手而回嗎？
捨棄家園、不知佛法的女子，
服侍男人、不支薪酬的女子，
當死主下達命令的時候，
妳自己主人的建言不會有所幫助。
能言善道的女孩，妳該怎麼做呢？
如果妳服侍丈夫，那個實實在在的惡魔，
就不會侍奉上師——一位眞正的朋友。
即使有女孩想依止上師，那眞正的朋友，
但日後卻也會改變心意，到時又如何呢？
即使有女孩心想著佛法，
但囤積的財富並不給她機會。

妳這吝嗇的人，會怎麼做呢？
當妳被包裹在屍布裡的時候，
只能留下妳精緻柔軟的衣物，撒手而去，
妳的那些傭人又能做些什麼？
當妳遺留的軀體被埋入墓地，
無論妳的宅邸多麼華美，也只能留下它，撒手而去，
妳的建築工人又能做些什麼？
當妳獨自上路的時刻降臨時，
聚在一起的家人、父母都毫無幫助，
妳的那些親戚又能做些什麼？

創芭．堅，諦聽並思惟！
雖然妳是國王的女兒，
一旦妳進入男人的門，妳就不過是個僕人。

如果妳試圖卸下能把背脊壓斷的工作重擔，
就會被打得鼻青臉腫地回來，
到時妳就會憶起輪迴的痛苦。
但這種憶念毫無幫助，爲時已晚。
如果妳並未因爲男人而喪失良好的判斷力，
或許還會向上依止上師，
向下廣行布施。

女孩子應該珍惜自己的價值，
爲自己挺身而出，創芭．堅！
女孩啊，妳是否知道我是誰？
要是妳不清楚我是何許人也，
我就是鄔金．蓮花生。
妳是世俗事務的大師，
因爲日間工作而變得散亂，

接著在夜晚又落入愚蠢的熟睡。
妳是日夜忙於衣食的奴隸，
妳的人生不斷消逝，空虛無物。
我是捨棄世俗行爲的人，
我是遁世瑜伽士蓮花生。
白晝禪修上師瑜伽，
早晚從事座上禪修和食子供，
夜間住於光明境中，
恆時保持六識於警覺、寬坦的狀態中。
如此而行的瑜伽士，
見地比天還高，
禪修比日月還清明，
行止比沙粒還細微。
我是無死金剛身，

對我而言，死亡是無二的。
雖然我和所有獲得人身的男女
看來相同，
但是不同、相同，差別又在哪裡？
創芭．堅，妳明白嗎？妳理解嗎？
如果妳能明白，那比獲得百磅的黃金還讓人歡喜。
如果妳不明白，那麼至少要和佛法結緣。

創芭．堅說：

遍知三時的蓮花生大士，
恩慈難以言喻的大恩者，
此生作爲不過是一場夢，
不管做什麼都沒有眞正意義。

一旦那些行爲成爲惡業的因，
就像是一再落入迷妄深淵中。
您不受世俗現象的干擾，
父親，請以悲心護佑我，
傳授我一個崇高深奧的法門，
以逃離這個輪迴，
此生就安立我於佛法中。
若您不安立我於佛法中，
我將了結此生，維持死亡狀態，
向您祈願以求獲得男身，
下輩子能有修法的力量。

創芭．堅公主如此從她的內心深處懇求，我思忖：「公主已對輪迴生起眞誠的厭倦，我必須傳授她一些佛法。」

哀哉，創芭．堅，國王的女兒！
若妳已對輪迴生起疲厭，
而且現在就想追尋佛法，
爲了淨化妳過去的業障，
並能在未來成佛，
就要背離世俗的輪迴，
讓死亡和無常啓發妳。
什麼都不需要，僅要作此思惟，
完全獻身於追求佛法。
對於傳授妳密咒乘的上師，
將所遇的一切都作爲曼達供養給他。
妳要以虔信的身、語、意，
尋求一位眞實上師的出現，
向他請求深奧的秘密教言。

接著到能讓妳不起迷妄的地方，
例如獨自在山間的岩洞中閉關，
修持這些深奧教言，
在妳自心中作抉擇。

公主請求抉擇自心的深奧教言，我如是回答：

具宿緣的創芭．堅，在開始修行深奧的密咒乘教法時，要採取大日如來的坐姿。念頭思及之時，無論妳虔信的根本上師是哪一位，便觀想他瞬即出現在妳頭上的日月座墊上，周圍環繞十方的諸佛菩薩。如此禪修之後，便向上師虔誠祈請。觀想加持如河水流降，所有身、語、意的過失和遮障全都從自己的腳掌、腳趾緩緩流出，有如骯髒的清洗用水，以黑色的樣子向外流出。上師的加持進入妳，妳的身體變得有如水晶球。接著禪修十方諸佛匯入上師心間，然後根本上師從妳的頂門融入，妳的身體有如老房子一般瓦解，安住在圓滿次第的開闊境界中。在這個狀態中，進行毫無緣取的禪修。之後，抱持對一切眾生的慈心，憶念無量悲心，說道：「從這一刻起，我將爲了眾生而修行成佛。」受此憶念的激勵，獨自留在山間閉關。以三不動爲基礎，住於眞實自性中，直到證得究竟大圓滿。

公主問道：「在真實自性中，行止的修行次第為何？」

答：具信的創芭．堅公主，且聽我述說這個修行的次第：不要假裝在做婆羅門的梵行②。要開展能讓方便與智慧相融的潛能，以顯露無可爭辯的無誤本覺。對於和諧關係的行止則是要精確，使用任運生起的覺受之語，以善巧勇父之力作懷愛，並以梵天之音作攝持。

若是不修這樣的行止，妳所具有的不過就是自己的身體、青春和別人的重複話語。妳會享用種種不實僞裝的密行，雖然具有兆相、能力，但在密行的層次上卻不具有分辨自己行爲的大抉擇力。甚而，如果妳變得博學多聞，在妳獲得穩定的禪修力之前，將會有各式各樣的擾亂邪魔前來作祟。所以，要具有能夠深切分辨的先見之明，以便對於行止能有精確的理解。

---

②如婆羅門的行止，寺院戒律，清淨行為。

接著她問：「在修行深奧道的時候，證得見、修、行、果的覺受為何？」

答：具信的創芭．堅公主，最高的見、修、行、果是這樣的：超越邊見的基本性質就是本質爲空。對這首要空性的心意辨別，超不出語的了悟。當那了悟離於執取、俱空且明光的時候，對基本性質的了悟就已臻得穩定。發生的一切都是法身的戲現，由此之中，一切現象都生起爲本覺的嚴飾。對於證得無生空界的人而言，沒有要持守的戒律，也沒有持守這一回事，能淨和所淨並不爲二。但對那些不具此了悟的人而言，他們有著煩惱和五無間罪的業障，所以應該用以下的方式來淨化遮障：

在自己頭上一肘高的虛空中，在日、月、蓮花上有金剛薩埵上師，身色爲白，一面二臂，右手持金色的金剛杵，左手持銀鈴，鈴面朝向祂的髖部。祂頭戴寶冠，身著寶飾，雙腿盤坐。以觀不厭足的方式生起本尊，猶如在雪山上升起的太陽。在祂心間的日、月之上，觀想一個白色「吽」字，周圍環繞著百字明咒。這個字母放光，迎請上師、本尊、空行母和十方一切佛陀，祂們融入諸字，化作甘露。觀想這〔甘露〕充滿祂的全身內部，而乳色般的甘露從祂右足的大拇趾流入妳的頭頂，盈滿全身，妳的身體就有如一袋牛奶。過犯、惡行、遮障都從足底排出，像是用過的洗潔用水，以黑色的方式向外流出。接著持誦百字明咒：

嗡(母) 班雜薩埵薩瑪雅 瑪努巴拉雅 班雜薩埵底諾巴 底叉 知卓美巴哇 蘇埵卡唷美巴哇 阿努日(阿) 埵美巴哇 蘇波卡唷美巴哇 薩(兒)哇悉地美查雅擦 薩(兒)哇 嘎(兒)嘛 蘇擦美 則當(母) 虛哩央(母) 咕嚕吽 哈哈哈哈吙 巴嘎旺 薩(兒)哇達他嘎投 班雜嘛美穆擦 班吉巴哇 瑪哈薩瑪雅 班雜薩埵啊③

持誦百、千遍之後，情器世間全都融入金剛薩埵，金剛薩埵融入「吽」字，「吽」字融入妳的頭頂，到達心間。〔妳的〕心從邊緣向中央消融，化入「吽」字。「吽」字化成

---

③參見第二章的注釋⑬。基於崗頂祖古仁波切的建議，對於這個與通常所見略微不同的版本，亦未作更動。

Om benzra satto samaya manu palaya benzra satto tenopa tikta dridho mebhawa suto kayo mebhawa anu rakto mebhawa supo kayo mebhawa sarwa siddhi metrayatsa sarwa karma sutsame tsittam shriyam kuru hung ha ha ha ha ho bhagawan sarwa tathagato benzra mamemuntsa benzri bhawa maha samaya benzra sato ah

微紅的白色甘露，完全遍佈身體的脈和明點中，全身都充滿無垢的淨智甘露。妳的身、語、意和金剛薩埵的身、語、意相融無別。以此念想，安住於無有戲論造作的境界中。接著念誦常見的懺文，思惟並了解所有的過犯和遮障都已然清淨。

這是能修復違犯的內子密無上、不共的法門。如果妳這麼做，將能淨化千劫的業障，一切三昧耶的違犯破損、甚至五無間罪都能被淨化。瑜伽士若能致力做此修行，即生便能證得佛果。

公主問：「祈願的方法為何？」

答：公主，雖然佛種本來就在妳心中，但是若無上師，就沒有人能將它展示給妳。因此，上師更勝於三時諸佛。觀想妳頭上前方的虛空中，在八獅所抬的寶座上，有千瓣蓮花、日、月座墊，其上有妳根本上師的光燦身相，面對著妳。在上師心間，從「吽」字放光，於上師的右方出現佛寶，左方出現僧寶，前方出現本尊眾，後方則有諸空行、護法圍繞。以無量的虔心向上師祈願，用渴求的淚水作清淨，寒毛直豎而思惟：「除了您之外，我沒有別的倚靠，也沒有別的對象可以仰望。」接著依序向根本上師和傳承上師祈願。

接下來是心的本質：廣空和覺性的本來光明空性，即是無垢的法身明覺；由此放出無執的本俱光明，就是大悲淨智。這是一切勝者的見解，乃是大圓滿，密咒乘義理的頂峰。只要對此修持，皆能相應臻得究竟的果位，獲得三身之果。公主，要以此方式修行，妳便能即生成佛。

公主在善德岩洞開始修行。她開啓禪修覺證之脈，證得了一切顯相存有皆爲法身。她了知輪迴是本覺的嚴飾，將煩惱現爲五智，理解世間本質的虛幻，見到生起的一切都是法身的戲現。她明白自心即佛，了悟今生來世的所有關注皆是隱患，因而成就了眞實的目標。如此思惟之後，她來到鄔金面前，說道：

三時的勝者，眾生的嚮導，
無與倫比的大悲尊，
大恩者，我難以回報您的恩慈。
您已經授予我深奧的教言，

那是無上密咒的精華要義，
我皆已付諸實修。
對於相續修爲的理解已於內心生起，
輪迴的痛苦已然斷除，
念頭的來去於其本界中得以淨化，
痛苦於其本基中解脫，無有拒斥。
我明白自心即佛。
感謝您，仁波切。
從今直至下一世，我們將不會分離。
請以悲心護佑我！
她如此致謝之後，我說道：
摯愛的創芭・堅！

無論生起哪些了悟或禪修覺受，
都不要迷失而想要變成偉大的博學法師。
一切現象的本質都是無我，
要安住於此偉大離戲的境界中。

於是公主以極大的歡喜寫下這段對話，交給鄔金。我蓮花生將其作爲要封藏於曼多（藥石）崖中的《寶海上師》之附言。

我，貝瑪・林巴，從洛札的曼多崖中取出此文。

薩瑪雅　甲甲甲　德兒甲　貝甲　迭甲

（三昧耶；封印，封印，封印；伏藏封印；隱藏封印；託付封印）

4

南開·寧波大師與
多傑·措公主之間的問答

取自《寶海上師》①

頂禮上師。

蓮花生大士和南開．寧波大師在洛札卡曲的螺宮②與吉祥長穴（帕吉．普靈）修行。一晚，子夜未至，南開．寧波大師於入睡之際，一位穿戴六種骨飾，面上金色汗毛發亮的女孩出現，對他說道：「南開．寧波大師，如果你想獲得不共的殊勝力量，就承事一位智慧空行母作爲修持。並且，那位空行母會在香．塔納克的強布．擦陀③鎮上。她年約十五、六歲，具有空行母的三十六相。你應該以侍奉她做爲修行。」

說完後，她就消失了。於是南開．寧波大師自忖，「這究竟是神鬼的魔障，抑或是空行母的授記？我眞的不知道。遍知三時一切的上師正在吉祥長穴，安住於如鐵橛壇城的神幻閉關中，我必須前往，親自向他請教。」

他在黎明方才破曉、黑暗剛被驅除之時到達，而向蓮師說道：「偉大的上師，昨夜這個兆示降臨在我的身上，這到底是授記、還是障礙？」

蓮師回答：「嗯，既然這是空行母的授記，所以你必須明辨是否有此業緣定數。去吧，帶上我這串水晶念珠。」

翌晨，當旭日的寶座和寶傘升起之時，大師起身，來到了葉茹．藏布❶上游的岸邊。在太陽依然溫暖之際，抵達了香．塔納克的強布．擦陀。那是一個非常大的鎮，前方有一個大工作場，裡面有十五名女織工。其中，有一位女孩具足空行母的三十六相，非常美妙且細緻迷人。此外，還有一名儀表堂堂的老人和一名歪嘴高鼻的年輕人。大師對他們說：「給我這個瑜伽士一點施捨吧。」

對此，老人說：「大師，大禪修者，您來自哪一所寺廟？您的上師是誰？您禪修哪位本尊？您持誦哪個心咒？您修行的是什麼神聖佛法？您到底是誰？」

①收錄於《貝林伏藏法》第一函（Ka）：371—94頁。多傑．措在本文的某一處亦稱作「多傑．措嘉」，蔣貢．康楚亦稱其為「薛卡爾．多傑．措」（《百位伏藏師傳記》fol. 20b）。在康楚的記述中，南開．寧波是受具足戒的比丘，此處顯然並非如此，而是身為一位瑜伽士。

②洛札卡曲的螺宮。洛札是西藏中部偏南的一個地區，卡曲是該處南部的一個鎮，幾近於今日不丹的邊界。此地因為是蓮花生大士心意的閉關處而聞名，是佛意的朝聖處。（中譯註：今中國西藏自治區山南地區洛扎縣拉康鎮附近。）

③香．塔納克的強布．擦陀。香．塔納克是西藏中部偏南的地區，位於洛札的東北方，和洛札有段距離。強布．擦陀顯然是當地的一個鎮。

❶葉茹，日喀則江北地段。

大師用如嚕心咒④的曲調詠唱，說了這些話語：

身如恆常不變金剛杵，
語是平等無礙梵天語，
意不變，超越言說臆測。
頂禮金剛持——任運自成之三身。

您問及我的上師，
有廿五位大學者。
您問及我的聖法，
乃大圓滿之聖法。
您問及我的本尊，
乃大德佛父佛母⑤本尊。
所持誦爲如嚕心咒字母。

我無處不歡喜，無處不安樂，⑥
地點、國家都無足輕重，
因我並不擔心維生資具。
請給這瑜伽士一點施捨。

老人說：「大師，您的上師、您的本尊、您的聖法都特別殊勝。您修行的果是什麼？在究竟上，您的見地和禪修覺受的證明爲何？」他回答：

---

④如嚕心咒是巴千嘿汝嘎的心咒：

嗡　如嚕　如嚕　吽　究　吽。

OM RULU RULU HUNG JO HUNG

⑤大德嘿汝嘎（梵文 Shriheruka），大妙德尊，亦稱作巴．揚達。

⑥「我無處不歡喜，無處不安樂。」這是譯自 mi nga rang gar dga' gar skyid yin。如果是讀作 ming rang gar dga' gar skyid yin，則應該是「隨便你叫我什麼名字都可以，隨你高興」。

我的見地是無覺受之見地，
我有無邊無際的虛空見地爲證。
我的禪修是無覺受之禪修，
我具有自行顯露之禪修爲證明。
停下您忙碌的工作，正事爲要，
請給這瑜伽士一點施捨。

接著老人說：「您的見、修、行都非常好。然而，爲了我們這些俗人之心，既然對於此生顯相的貪執是本初無生的，請給予我們有助於從內心捨棄輪迴並生起了悟無常的佛法教言，容易理解卻又能臻至究竟成佛的教言。」

南開．寧波大師回覆：「一般說來，輪迴三界的眾生，特別是聚集在此處的有福男女們，無論他們從輪迴無始以來到現在的這個人身期間，曾經對生死做過哪些取捨，都一直未能達到無生心意這個原本的根據地。

輪迴有如水車，
放下這不曾停歇的活動。
生、老、病、死有如磨坊的規律運轉，
放下這永無止盡的活動。
痛苦有如水中漣漪，
放下此持續不斷的活動。
身體有如田野的稻草人，
放下這搖來晃去的活動。
心有如劃過天際的彩虹，
放下這瞬即消散的活動。
停下您忙碌的工作，正事爲要，
請給這瑜伽士一點施捨。

聚集在這工作場內的所有人，心中都生起了不凡的信心，無論長幼，淚水皆如泉水湧出。

他們向大師頂禮和繞行，獻上特殊的供養物。接著，從那工作場中，歪嘴的年輕人說：「偉大的大師，閣下，據說每個人遲早都會死亡，但我們這些年輕人，並沒有理由會在這一、兩年就死去，所以仍可以歡喜嬉戲。既然到現在都還有這些時間，難道未來就沒有更多的時間嗎？」

大師回答：

整個輪迴三界的眾生，
特別是聚集在此處的青年男女們，
你們所具有的這些美好軀體，
在一、兩年之後，
就會如同被煙⑦所摧毀的舊弓。
當對此思惟，並修持聖法。
你們這些優美的容貌，
在一、兩年之後，
就會糾結如同新鮮的棕櫚葉。

你們這些精美的髮型，
在一、兩年之後，
將會如同薊花的白頭。
你們這些精美的衣著，
在一、兩年之後，
將會如棄置在外的破爛傢具。
你的身子挺不直，只能彎腰駝背，
你不會變得更好，只會變得更老。
你不會變高，而會變矮。
年華老去有如著火的青草：
除了變矮之外，又能如何？
這疾病就像是夏日的南雲，

⑦指通常用來進行對弓加工的煙燻。

如何能確保它們不會驟然而至？
死亡之魔如同夜晚的陰影，
你不斷逃離，它們卻步步逼進。
這死亡就像是殆盡的燈油，
你豈不知這是無法控制的事嗎？

該是修持神聖佛法的時候了！
不只是時候已至，而且還爲時稍遲。
當對此思惟，並修持聖法。
當思惟佛法，並生起信心。
離開食物的苦役而發放捐助。
離開睡眠的苦役而修行善德。

工作場內的所有人都由衷地生起信心，並供養他如山的食物。到了晚上，工人們準備離去，所有的牛羊都被趕入畜欄，具有空行母兆相的女孩也拾起她的擔子準備離開。大師為了檢視這女孩是否具有業緣和命數，於是將蓮花生大士的那串水晶念珠拋向天空。念珠融入她的頭頂，有如冰雪融入熱砂。由於大師見到她確實具有業緣和命數，於是便走到這女孩身後，說道：「瑜伽士需要一個過夜的地方。」

「我們家裡沒有地方。」她回答，「我的老母和老父都非常威嚴，但我會問問他們，取得回答。請在這裡等著。」她這麼說完，便關上了門。

這時，工人們表示：「不管這位禪修大師待在哪裡、或是由誰來服侍，都無所謂，但他因為見到這面容秀麗的女孩，是其中最美貌動人的一位，於是跟隨在她的後面。他徒具眞實瑜伽士的外相，徒有佛法修行者的虛名，卻難以實踐眞實的義理。」他們以這種言論，在背地裡大肆詆毀。

後來，女孩從窗裡向外說道：「我問了父母，他們說您不能留在這裡。」大師為了回應那些詆毀他的人，於是說：

我，王國的乞討瑜伽士，

擁有自己所需要的一切。
我的居處不定，
睡在門廊也無所謂。
我的衣物不定，
穿著屍布也無所謂。
我的食物不定，
食用乾硬麵粉也無所謂。
香．塔納克或許確實是個很棒的地方，
但是爲了引導具緣者步入佛法，
我發誓，我們今天就離開此地。
住在屋裡的妳，對此善作思惟。

大師在門廊處坐下，修持他的晚課，包括禪定和吟唱如嚕曲調等。女孩進入父母的臥房，見到一切家務事都已完成，便對女僕說道：「在那裡吟唱的禪修大師，確實令我印象深刻，就讓我們兩人睡在這裡。」於是，她們在樓梯的最上層安排好枕頭和床鋪，準備就寢，這時女孩對大師說：「您的曲調極爲動人，請唱一首道歌。」於是他唱道：

妳，高聳雪山的白色母獅，
緊緊依偎白色雪山的臉龐，
當妳下山尋找食物時，
並未注意到降下的霧，
有著陷入雪崩的危險。
從沉淪的危險中躍起，要勇敢，
逃往白色雪峰的時候到了。
不只是時候已至，而且還爲時稍遲。

草原上高視闊步的公馬，
緊緊倚著綠油油的草地，

並未注意到溢流的窪地，
有著陷入泥沼的危險。
要離開草地，爬到高處，
逃往大樂解脫道的時候到了。
不只是時候已至，而且還爲時稍遲。

妳這位高處宅中的小姐，
緊緊守著妳虛幻的財富，
並未注意到自己正在輪迴中遊盪，
有著落入三惡道的危險。
要拋下財物，保持精進，
逃往大乘覺醒道的時候到了。
不只是時候已至，而且還爲時稍遲。

女孩對女僕說道：「大師的歌曲是如此動人，我必須再聽一次。但他如果還在這裡唱歌，我的父母一定會聽見，所以我們倆人應該到那圍起的工作場才對。」她關起門，對大師說：「待在下方的大禪修者，我想要修持神聖的佛法，但我不能離棄大恩的父母、累積的財產、精美的衣飾、慈愛的親戚或出生的國度。對您，對一位大師而言，這些都無關緊要；對我，對一個女孩而言，卻有著極大的差異。請留在敝國的這個地方，務必修持聖法，且慈悲照看著我。我將會提供您所需要的一切物資。」大師如此回答：

客觀看待，你們三位手足
就像是市集裡的客人，
雖然一起抵達，卻會分別離開。
當要放下親情，修習聖法！

客觀看待，所累積的財富
就像是蜜蜂所擁有的蜂蜜財富，

雖由自己積聚，卻讓他人享用。
財富確實爲幻，當要修習聖法！

客觀看待，所建造的大宅
就像是孩童嬉遊所堆築的宅邸，
先是建起，接著卻不免遭到毀棄。
誕生的家園無實，當要修習聖法！

如果妳打從心裡想要修習聖法，
如果妳眞心由衷想要修習聖法，
那麼家園就是惡魔的牢籠。
它是造成極大貪執的束縛，
當要轉身離去，修習聖法！
當要分辨貪執，修習聖法！

對此，她反駁道：

對於修行佛法的悲心，
離棄我自己的父母，真的就有幫助嗎？
對於獲得珍貴人身的價值，
忽視這易變的身軀，真的就有幫助嗎？
對於帶領具信者趨入佛法，
不靠維生物資存活，真的就有幫助嗎？
對於承事上師和法友，
漫無章節的修持法，真的就有幫助嗎？

上師自忖：「這個女孩對自己的財富、產業、親屬都非常自得意滿，即使她修持佛法，看來也不會生起深切的出離。」於是他說：

春日生長的花朵，
受到季節冰霜的掠奪時，
會枯萎而消逝，豈非如此？
當要對此思惟，修持聖法！

小米田中長出的新芽，
用鋒利的鐮刀切開時，
會被完全切斷而消逝，豈非如此？
當要對此思惟，修持聖法！

具有高價穀物的田野，
在果熟的季節成熟時，
會徒勞的落地而消逝，豈非如此？
當要對此思惟，修持聖法！

血肉和合而成的身軀
是從四大種暫借而來，當它消散時，
身會與心分離而消逝，豈非如此？
當要對此思惟，修持聖法！

年老、病、死這三者，
醒時依然伴隨著我們，影響著自心。
當要對此思惟，修持聖法！

地獄、餓鬼、畜生這三者，
就在大路上等著我們，有如伏兵。
當要對此思惟，修持聖法！

今生、來世、中陰這三者，

全都有如靈石般排列。
雖然我們現在聚集了富足的享用，
但離開時是赤裸裸的，
彷彿遭遇外來的盜賊，不留一點痕跡，豈非如此？
當要對此思惟，修持聖法！

即使驕傲自大的國王，
也會像乞丐一樣踽踽獨行。
即使有權有勢的大臣，
也會像犯人一樣手腳上鍊。
甚至一位懶散的王后，
也會變成蟲蟻的食物。
雙親是引至輪迴的嚮導，
財富產業是不幸的繫鏈，

關係是輪迴的枷鎖鐐銬。
當要對此思惟，修持聖法！

多傑．措思量：「大師所言爲眞。無論如何，我必須修習聖法。」她走出家門，執起大師的雙手，並將大師的雙足放在頭上，「無論如何，我都會轉向佛法，請帶我跟您一起走。」她懇求道：「執著於財產確實不好，但我們難道不該拿些金錢和物資作爲修法的資糧？」

大師回答：「如果妳能修持佛法，就不需修法的物資。護法神會提供維生的物資。」女孩從頭上取下了一顆鴿子大小的青松石，交給女僕，說道：「不要告訴任何人我已爲佛法而出走。請好好照顧我的父母。」接著，她二話不說，爲了承事大師而啓程。

兩人於一大清早就動身離開，當曙光升起的時候，他們來到了葉茹．藏布（即漢人所稱的「雅魯藏布」）江畔。大師從行囊中取出一袋滿滿的糌粑，並用一只顱器取水，開始準備餐食。此時，一群軍隊趕上了他們，整個地區突然布滿著奔走的馬匹、揮動武器的男子、哭喊的小孩、執杖的老人，一陣混亂。有一位來路不明的術士，突如其來地威脅上師：「你犯下邪惡的欺瞞罪行，拐走了我們有如天仙的摯愛孩子。我們要吃你的肉，喝你的血！」

大師爲了考驗女孩，看看她是否心意堅定，有沒有可能退卻、或者是堅信不疑，於是說道：「姑娘，如果妳感到後悔，心裡還沒有捨離過往，那妳最好現在就回頭。」他接著還說：

羅網所捕獲的鳥兒，
很多都試圖逃離，但逃出的只有少數。
陷阱所捕獲的羚羊，
很多都試圖逃離，但逃出的只有少數。
網中捕獲的魚兒，
很多都試圖逃離，但逃出的只有少數。
奔向佛法的姑娘，
很多都試圖逃離，但逃出的只有少數。
姑娘，妳已然回轉，
我這老人將要逃走、離去。
如果我們未死，便會有相見的一天。

那時，如果註定要爲佛法，或許還能做些什麼。

女孩回答：

南開．寧波大師您
是否曾經前往印度？
您是否承事過一位眞實的上師？
您是否爲西藏的成就者？
您是否成就了咒語自在？
如果您有神通，現在就展現。
如果您現在不帶走這個女孩，
她就有可能沉入輪迴沼澤中，
被惡業之魔帶走。
如果這時您不帶走這個女孩，

她就會跳入雅魯藏布而離去。

由於她看來心意堅定，不會有所變動，於是大師決定帶著她走。他對追捕而來的敵人說：

飛旋空中的風，
若想要追到它，是極爲累人的事。
已調伏的氣息和心，
若想用馬匹作突擊，是極爲累人的事。⑧
翱翔空中的鳥中之王，
青蛙若試圖要捕捉，是極爲累人的事。
當我們抵達大平原的時候，
我們會化作一對野馬離去。
當我們抵達大湖水的時候，
我們會化作兩隻金鴨離去。

當我們抵達大隘口的時候，
我們會化作兩頭狼而離去。
你們這些跟上來的人，
還有你們奔騰的馬兒，是多麼可憐呀！
這些可愛的哭泣孩童，是多麼可悲哪！
這些帶著棍棒的老人，是多麼荒謬啊！
你們會因得不到女孩，而掉頭跑開。

他們吶喊並威脅著：「聽你這老叫化子在騙人！看你能往哪裡跑？還能逃到什麼地方？」。大師以此偈頌作爲回答：

⑧身體的呼吸、風息或能量流動（藏文 lung；梵文 prana）往往被比作馬，而與其息息相關的心，則被比作騎馬的人，因而作此詩意來比喻。

爲了根除惡力，
我們會化作一對野馬離去。
爲了將三界置於掌控之中，
我們會化作一雙禿鷹：鳥中之王。
爲了從輪迴的洪水中解脫，
我們會化作兩隻金鴨離去。

如此說完之後，他們就化作金鳥，飛過藏布江。化現的形相在他們落地時消散，讓追捕者完全信服了這一切。

「哦，我的天哪！女孩，除了神魔以外，沒有人能制伏得了妳。所以我們全都回去吧。」他們這麼說道，而承認了自己的失敗。

接著，大師和女孩前往洛札卡曲的螺宮，大師授予多傑．措外、內、密的灌頂。他顯現眞實意嘿汝嘎的壇城，引介本尊，進入三摩地。大師的法座建在壇城右側，女孩的法座則在左側。大師持誦如嚕咒，安住於成就法的修持中，如如不動地住於實相大平等定中，散發慈心。

女孩則修持如嚕咒，一經數年。有一天，由於她年紀尚小，因爲缺少玩伴或友伴而感到懊悔。爲了吸引大師注意到她的悲歎，她將這些話插進了如嚕的持誦聲中：

當我初次從自己家鄉來的時候，
我對自己父親的面孔沒有執著。
當我初次從自己家鄉來的時候，
我對自己母親的面孔沒有執著。
當我初次從自己家鄉來的時候，
我對任何地方或個人傳承都不執著。
起初我對自己的三個手足都不執著，
起初我對任何的財富享用都不執著，
起初我對國家、家鄉、房子等三者都不執著，
起初我對玩伴、友伴、朋友等三者都不執著。
哀哉，當我來到這裡的時候，原本自然的生活便被斬斷，

現在我感到無以復加的懊悔。
如果您擁有些微的悲心，
就帶我到我出生的國度。

當大師坐著聆聽時，他明白女孩確實依然年幼，於是唱了這首歌：

確實有很多親屬和淨地，
但是當死亡來臨時，
雖然直至妳死去前，會有很多人圍繞身邊，
但是當妳眞的死後，就必須獨自上路。
要對此思惟，持誦如噜。
雖然妳指望慈愛的父親，
但是當疾病驟然侵襲時，
所落下的不堪淚水，

無法對疾病有絲毫作用。
要下定決心，持誦如嚕。

雖然滿滿聚集了財富產業，
但是當死亡來臨時，
妳連一根針、線都帶不走。
要下定決心，持誦如嚕。

雖然建造了高廣華廈，
但是亡者卻沒有力量留在裡面。
妳能得到的，不過是一人大小的棺材。
要下定決心，持誦如嚕。

有幾天的時間，這對女孩的心意起了幫助，但她又再次感到心中的懊悔，於是唱了這曲哀歌：

洛札·卡曲的名聲，
從看不見的遠處聽來，非常響亮。
當你在那裡親眼見到時，
它不過就是個巨大空曠的無人地方。

螺宮的名聲，
從看不見的遠處聽來，非常響亮。
當你在那裡親眼見到時，
它不過就是個空盪無物的無門洞穴。

南開·寧波的名聲，
從看不見的遠處聽來，非常響亮。
當你在那裡親眼見到時，
他不過就是個吹牛的老僧、老騙子。

本尊大德嘿汝嘎的名聲，
從看不見的遠處聽來，非常響亮。
當你在那裡親眼見到時，
祂不過就是個繪畫出來的本尊身形。

八字如嚕的名聲，
從看不見的遠處聽來，非常響亮。
當你在那裡親眼見到時，
它不過就是無止盡的驢叫聲。

女孩如此請求，想要回訪她的家鄉，而大師再次回答：

女孩，莫再胡言亂語，持誦如嚕！
洛札．卡曲的名聲

是持明者所造訪的聖地。
螺宮的名聲，
是能獲得殊勝修行力量的聖地。
南開．寧波的名聲，
是一位確實具有修行力量的瑜伽士。
本尊大德嘿汝嘎的名聲，
是一切佛陀的體現。
八字如嚕的名聲，
是無生菩薩的聲音。
要安定下來，持誦如嚕！
要培養熱忱，持誦如嚕！

有幾天的時間，這對女孩的心意起了幫助，但是數日過後，她仍舊無法揮去深刻的懊悔之情，於是再次請求：

當你看見毛團
和白羽毛時，
會認爲它們十分相像。
毛團被風吹起，
在紅崖邊飄揚，飄揚。
白羽毛被風吹起，
在葉梢上晃盪，晃盪。
小石子被水載起，
在河流漩渦中旋轉，旋轉。
我這迷惑的女孩，
從無門洞穴中渴望，渴望。
對於這後悔的女孩，
沒有騎在奔馳駿馬上的使者前來解救。
報應完全成熟，這是眞是假？

如果惡行眞的會有報應，

那麼我將報應送給南開．寧波大師。

送這女孩回家！

大師思忖：「這女孩尚屬年幼，雖然她留下而住在我這裡，但卻因專注力不足而無法修持。我必須把她供養給蓮師。」如此作想之後，他便執起女孩的衣褶，把她拉到了帕吉．恰普爾⑨岩洞，向上師獻予這首禮讚：

鄔金西北邊境上，

達那郭夏湖島上，

一朵蓮花芯床上，

您證殊勝之妙力。

以「蓮花生」名稱揚，

具有八歲童子相，

對您「顱鬘力」❷尊者，我頂禮並獻讚頌。
多傑．措嘉之名聲
出於尊貴之家系，對於佛法具信心。
擁有美麗之面容，具足三十妙好相。
聲音甜美且聰慧，
芳香如優缽羅花，
臻證悟最佳道伴。
大聖者，我今獻予爲明妃，
大悲尊，祈請就此納受她。

⑨帕吉．恰普爾岩洞，應該是之前稱作帕吉．普靈的同一處洞穴，亦即「有如鐵橛之壇城」（音譯為「恰普爾」）的「吉祥長穴」（帕吉．普靈）。

❷蓮花生大士的一種忿怒形相。參見第六章，注釋④。

大師做完這個供養之後，便離開了。女孩思忖：「怎麼會這樣？蓮花生大士竟然不像凡人那樣出生，而是從一朵蓮花上出現的。據說他是個幻化身，即使是現在，他看來依然青春如同八歲，容貌白皙有如雪山上的日出，具有一切的相好莊嚴，怎麼看他都不覺得滿足。能見到這樣一個人，實在是妙極了！南開．寧波大師也非常仁慈。現在，我這輩子有了一位絕佳的伴侶，下輩子我就能證悟。」

她這麼想著，感到無量的歡喜快活。上師透過神通而了知這一切，思惟：「這個女孩對我產生了極大的執著幻想，我最好做點什麼來逆轉這個情況。」

多傑．措入睡之後，來了一位老人，頭髮比海螺還白，眼睛比藍色還淺，頭和肩膀在同一個高度，唾液、鼻涕流到了胸前，眼袋還垂到了臉頰。當女孩從沉睡中醒來時，這個令人可怕、厭惡的幻化形相就在眼前，她又重新考量：「這蓮花生大士或許眞的非常不可思議，但他現在卻變成這副老人的模樣。這大概是南開．寧波大師的幻術，或許我最好還是留在他那裡，而不是和這人在一起。」於是她又回到南開．寧波大師那裡，說：「大師，尊者，請安置我於修行之中。」

當她安住修持著吉祥揚達本尊並精進持誦如嚕咒的時候，黑魔查魅⑩來到她的附近，就像貓抓老鼠一般伺機而動，等著突擊並掠取她的生命力。在她行將入睡之際，大師在他的如嚕咒下面說道：

女孩，黃昏時，咚咚，別睡著了，
否則會有三昧耶破損者前來奪取妳生命力的危險。
午夜時，咚咚，別睡著了，
否則會有魔障的危險。
黎明時，咚咚，別睡著了，
否則會有食香者擾亂的危險。
早晨時，咚咚，別睡著了，
否則會有贊靈擾亂的危險。
中午時，咚咚，別睡著了，

⑩「沒有光澤的」，是會吸乾生命精華的衆生。

否則會有瑪姆⑪擾亂的危險。
下午時，咚咚，別睡著了，
否則會有女魔障礙的危險。
要生起精進心，持誦如嚕；
要生起熱切心，持誦如嚕。

他這麼宣說，便淨除了障難。女孩虔敬地修持，不共的禪修覺受和證量生起，並出現卓越的兆相。她思忖：「一切處所都是法身自性。在此之前，羊毛遮蔽了我的眼睛，現在我無需如此了。」於是她依著如嚕的曲調，說道：

這世間，一個顯現對境的容器，
即是清淨本尊的宮殿。
在其中，心意極惡的有情眾生，
即是閻魔敵嘿汝嘎的羅剎眷眾。

各種聲音言談的習性，
即是持誦八字如嚕的音聲。
想法和表達、覺性的憶想，
在俱生法身的廣空中生起。
於此勝密的壇城中，
請賜予殊勝大樂之修道力。

在那段期間的某一時刻，伴隨著極大的歡喜，她突然有一個直覺，熱切地想要走到閉關房外。於是她走到戶外，見到屋前稱作彭崚的紅崖變成了大德大勝嘿汝嘎的身體。她凝視這位本尊的面容，得到了殊勝的修行力量，於是女孩向大德大勝嘿汝嘎獻上這首禮讚：

勝密屍林壇城中，

⑪瑪姆，忿怒的女性靈類或空行母，若受到打擾，可能會引起麻煩。

勝者大德大勝嘿汝嘎
狂野、辱虐、怖畏相、
悲憫、啖噬、寂靜顯⑫，
怖畏降伏敵軍與魔力。
絕不變異的偉大身體
高舉須彌勝山，相貌怖畏，
身穿屍林嚴飾，相貌勇健，
白色宮殿中大笑，相貌嬉笑。
中央藍面作威嚇，相貌忿怒。
忿怒之王，您以如此怖畏的形相降臨，
我向大德大勝嘿汝嘎的啖噬形相頂禮。

如此禮讚之後，多傑．措空行母證得不共與共的兩種力量。同時，偉大的蓮師和南開．寧波大師已一起飛入空中，落在山上高處，愉悅地坐在日光之下。女孩原本必須從山谷底部繞行

貝瑪．林巴於此燃燈湖取出大量伏藏。當時貝瑪．林巴於此入湖中取藏，出湖後手中燈火不滅，為此湖名之由來。

貝瑪．林巴第一次取藏之地，位於苯塘。壁像上是貝瑪．林巴父子三尊，由崗頂祖古仁波切所塗金。

貝瑪・林巴一生幾乎都在普賢岩（昆桑札）修持。

普賢岩的石壁上自然湧現咒語。

崗頂寺竹千法會之後為期一星期的慶典，所跳的金剛舞皆為佛法故事。

蓮師十三身像唐卡。此幅絲綢唐卡在不丹境內不是最大，卻是造價最為昂貴的，由台灣信眾所供養。每年竹千法會結束後公開展示，給予當地民眾加持。

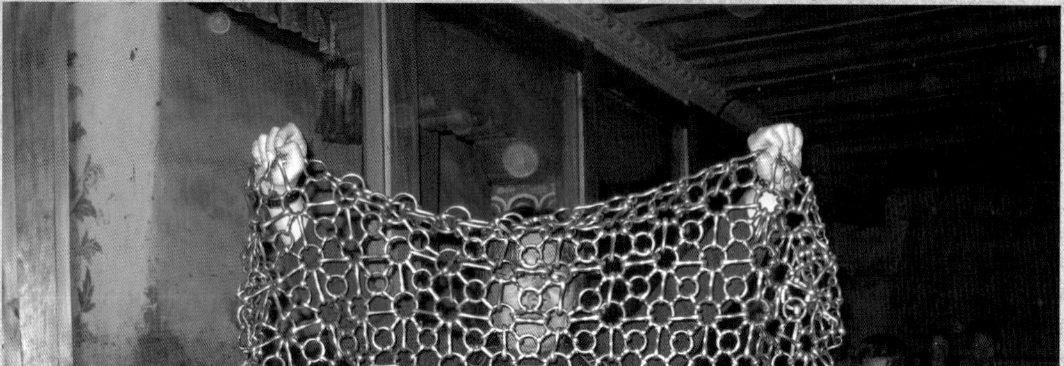

貝瑪·林巴親手打製的鐵衣，據說穿戴身上繞行丹心寺一圈能消除累世業障。

五大伏藏王：娘・讓・尼瑪・沃瑟、咕汝・確旺、多傑・林巴、貝瑪・林巴及多昂・林巴。
中間為貝瑪・林巴。

貝瑪・林巴身化身崗頂仁波切

＊以上照片提供：台灣智慧輪佛學會

才能到達他們那裡，這時也飛了起來，帶著兩位上師的座墊，飛到他們的身旁。

多傑・措成就了眾生的無量利益。她在西藏這白雪皚皚的堡壘中，傳揚了廣博精深的神聖佛法教法，圓滿了降伏一切邪魔化現的遮止事業。

善哉！

---

⑫此乃忿怒本尊「九忿怒姿」或威儀的其中一些部份，細項略有不同。分別是：

(1)嫵媚；
(2)勇健；
(3)醜陋（中譯：一般作「厭惡」）；
(4)威猛（在此作「辱虐」）；
(5)嬉笑（在此作「狂野」）；
(6)怖畏；
(7)悲憫；
(8)威嚇（在此作「啖噬」）；
(9)寂靜。

5

心　要

蓮師授予牟底贊普的赤教

取自《寶海上師》①

我，貝瑪卡蔥，
出生於蓮花，成爲國王之子。
在我八歲的時候，生起信心。
我如水一般，行經印度各地，包括東部和西部。
我見到極喜金剛、師利星哈和所有的持明者，
品嘗到海水般的灌頂和教言，
並抉擇了聞、思、修的見地，
臻至無上大圓滿見解的究竟，
圓滿了印度等地眾生的利益。
由於業力，我來到西藏中部；
由於祈願，我實現了國王的心願。
對於牟底贊普王子，我授予特別深奧的《寶海》。
我將佛法善財頒布給迷人的夫人。
爲了利益未來，我將其作爲極深奧寶藏而藏起。

這是貝瑪對其法子的教言。
願未來命定之人能夠發現。

薩瑪雅，甲甲甲。
三昧耶，封印，封印，封印。

牟底贊普王子②向蓮花生大士祈求：「哀哉，鄔金仁波切！我想請求一個簡短精要且前所未聞的教法，它出自您的自身體會，容易理解而令人歡喜持守，並對我個人修行能特別有

①收錄於《貝林伏藏法》第一函（Ka）：638—48頁。參見附錄乙。「赤教」是一種尤為精竅的教法，意思是「顯露」或「赤裸裸的」。崗頂祖古仁波切描述它是「剝去外皮的」。一九九九年春天，崗頂祖古仁波切在新墨西哥州的聖塔菲對這些教法給予了詳盡的闡述，我嚴謹地依循他的解說，在注釋中加入這些參考附注。

②牟底贊普是偉大法王赤松德贊（七四二—約七九七年）的幼子。在得到這些教法之前，他已然登基，因此有時稱他為「王子」，有時稱他為「王」。亦參見第六章，注釋㉒。〔中譯註：關於赤松德贊的兒子，這部伏藏的記載和其他的史料略有出入，請參閱第六章注釋㉒及其前後文。〕

益。」

鄔金回答：「王，獻上曼達，我便給你這個開示。」於是王子在一只金曼達盤上，擺設了成堆的青松石作供養。接著上師說：

「王子，這是身的關鍵要點，你應該雙腿盤坐，脊椎筆直如同疊起的金幣，手結定印。雙目要凝視虛空，這對脈極為重要。持住下氣，並將上氣往下壓，這對風息極為重要。觀想臍間幻化輪中的『欸』字有一個紅點，接著觀想頭部大樂輪中的『棒』字有一個白點，這對明點極為重要。觀想從『欸』迸射出熾燃的紅色火燄，融化白點，白點化光，落入心間的法輪，這對識極為重要。接著，白色明點和紅色明點在此結合，將心意專注於此。由於心性是正等正覺（成佛）的關鍵要點，因此要觀想白紅相合的明點逐漸變小，愈趨細微，直至消逝，之後對於自心完全不要有任何作為。」

王以這個方式修持了一段時間，生起實相本貌的偉大見地和覺受，並完全感受不到有身軀的存在，而是覺得一切顯現皆無礙且自在，自己則是無死的。他對鄔金說：「哦，大師，尊者，我如您的指示而做了修持。顯相與自心結合，我感到沒有會導致死亡的因。這勝解為何？」

鄔金回答：「偉大法王，這不過是上師的加持進入你心意之中罷了。現在，再次前去閉關，不要懷有任何希求。無論產生什麼顯相③，都在明空無執的境界中與其一起作修持。」

王在明空無執中修持之時，發現顯即是空，空即是顯，顯空相融無別，並生起了諸佛與有情眾生非二的想法。於是他想，無論一個人修行十惡或十善，都沒有造成其果報的因。他將這些覺受向鄔金稟報，上師說：

「王子，你因執意想要證實自己的覺受而被愚弄了。如果你認爲顯、空相融無別，就必須從對此顯相的執著中解脫，你做到了嗎？如果你認爲諸佛和有情眾生非二，就必須承事、禮敬有情眾生如同對佛一般，你做到了嗎？如果你認爲造犯十惡的異熟果報不會降臨，就必須容忍別人對你施加謀殺等種種行爲，你能夠做到嗎？如果你認爲修持十善沒有結果，那麼在別人以拯救性命等十善行來利益你的時候，就不能感到喜悅，你是這樣的嗎？

「再去閉關，讓你的身體如同死屍，讓你的聲音靜默如同啞巴，把你的心意安置如同天空。當你在如此與世隔絕的地方修行時，明空的覺受會明亮通透，無有內外。不管你是否閉上

③「顯相」指的是對任何一種感受所生起的體驗，包括心的，而不只是視覺上所出現的形相。

眼睛，這光明空性都會生起。空性覺受是對內外一切都毫無執取，空性平等遍佈一切，心無可住之處。在大樂覺受中，身心皆如酥油般融化，變得寂靜，且大樂湧現。對種種顯相的明覺增長而無有貪執，覺性如虛空中的太陽般升起，身體有如薄霧。你如如不動地認識自他④，就如你了知自心本身的意義那樣，你〔也〕會認為別人具有了知的覺性。⑤」

王子問道：「鄔金仁波切，修持了這些之後，成就時刻有什麼樣貌？」

鄔金回答：「偉大法王，陛下，至於成就這些修持的時刻，在大圓滿法有三個部分：任運自成的時刻，不可思議的時刻、大樂的時刻、以這三者來說，這是任運自成的時刻。如果你安住於此，任運自成的時刻是不可思議的，並且自然生起大樂。但是，同樣的，輪迴非常善於欺瞞，覺性容易受騙。應該要培養廣大開闊之心，對禪修的顯相無有執著。屆時，在佛和有情眾生之間，就只在於明覺的有無，而沒有其他的質量差別。⑥『慧』、『心』、『覺』，有的只是單一本性。有情眾生的慧缺乏明覺，並且僅能持續片段；諸佛之心則無處不住，生起的廣袤如同天空。天空的現起無有邊際，空闊無涯——西邊沒有邊際，北邊沒有邊際，在一切方位都超越邊際。自生覺性的邊際亦是如此。

「這時，心意無造、無作，無論你把心置於何處，它都維持專注一境，安住在明空之中，於是你思惟這必然是所謂的『專一』⑦境界。那時，對任何外物皆無有貪執，心住於無處，於是你思惟這必然是所謂的『離戲』，除此之外，那還會是什麼呢？你感到無論你做什麼，其實都是一回事，沒有什麼是要去拒斥或接受的，於是你思惟這必然是所謂的『一味』，除此之外，那還會是什麼呢？禪修也是如此，不禪修也是如此，因爲從來就沒有要去修持或禪修的，於是你思惟這就是所謂的『無修』。

「兩種色身❶並非從法身所生起，因爲種種現起的顯相就像是油燈的光輝⑧。風息的出入

---

④「認識自他」是指了知或淨智的兩種功用：如實了知（事物），以及了知其顯現。也就是說，佛的自明是究竟的，而衆生則以迷妄的方式覺知事物。（崗頂祖古仁波切的口授解釋）

⑤了悟到：正如自己具有佛性或佛心，所有衆生也同樣具有佛性或佛心。（崗頂祖古仁波切）

⑥崗頂祖古仁波切對教文做了以下修訂：sangs rgyas dang sems can gnyis kyi mtshang rig ma rig gnyis las med。

⑦專一，字面意義就是毫不分散的注意力，即大手印傳承所講的禪修四層次或禪修四瑜伽中的第一階段。其他三者如下：離於增綺或離於概念（中中譯註：一般譯作「離戲」）；一味；無修。

❶兩種色身是指化身和報身。

⑧這是說，油燈的光輝和其來源——即油燈本身——沒有分別。因此，由於離於一切增綺或戲論，所以不能說從無相法身中生起的色相和無相法身本身是不同的兩個東西。（崗頂祖古仁波切）

便在無感無覺之中發生，你什麼都不需要去做，就有各式各樣的表相生起。不變如同天空的本質，完全不生起二元分別的概念，於是你思惟：『就是這個了』，這是覺受的最終衡量標準。其他覺受的產生，例如明性、活潑、周遍、寂靜、充沛、閃閃發光、像是太陽的明性覺受、有如天空的空性覺受、猶如海洋的大樂覺受……等等，覺受的顯相各各不同，就像是海裡的漣漪或空中的雲朵。

「如果事物的眞實自性離於經驗覺受，那你所覺受到的是什麼？是誰在覺受？你在高興什麼？如果連一點覺受都沒有，還會有比這個更好的東西嗎？甚至連三時諸佛都未曾有過你的這些覺受。由於你執著於覺受，便是個邪魔。由於這全都來自費力而為，所以便是造作的覺受。你的覺受還會出現上下和起伏，無法面對外境的挑戰，它們不過是自認積極思考的糟糠，你尚未斬斷散亂思緒的骨幹。這就像是身體內部有病，即使有時感覺良好，也毫無助益。你尚未到達深處，迷妄的灰燼還會重燃。當你相信自己的禪修覺受已臻至頂點時，你就會變得自滿，執著於自己的短暫入定，以為沒有其他能超越之，並執取入定的程度。當散亂思緒的骨幹未斷，禪修顯相的糠皮未除，無明的染垢未淨，則每一個禪修覺受都會伴隨著對它特有的執著，而你只會以為這是好事，於是它受到障蔽。因此，要對一切都無所貪執，這才是所謂無有變異的意義。若是障蔽它且變得執著，嚴重的變異只會導致錯誤。

「此外，如果你執著於證得明性，執持那就是巔峰，便會見到色界。如果你執著於無想空性覺受的實相，你能到達的最高處便會是無色界。如果你執著於證得大樂，相信那就是巔峰，則你會成就的最高處便是欲界，不會有別的。佛語說，你將不會證得大圓滿、無上證悟的崇高力量。」

「鄔金仁波切，如果獲得的就只是這樣，那麼證得無生的意義為何？」偉大的法王詢問。

「一旦斷除那些謬誤之後，證得無生果的義理如下：佛語說，我們一切努力的意義就是為了證得任運無為。偉大王子，不要執著於偶發禪修覺受的心理顯相價值，莫觀看迷妄顯相的心，不要對行為生起貪瞋，不要對證量感到焦慮。無論自心想做什麼，就讓它去。讓心休息，就像是天空的中心點。在不貪執光明實相的狀態中，觀看對明性有所執著的本質。若是對證得覺受或無想之念有所執著，那就觀看覺受念頭的根源。若是對證得大樂有所執著，那就觀看是誰在執著於大樂。當前述的覺受生起時，如果你用這個方式修行，概念心的糠皮將得以剝除，你便能證得不受過失或功德所障蔽的平常心，到時你就會從有所禪修或有所迷妄的根本中解脫，獲得在禪修中一塵不起的證悟，以及在無修中亦無所迷妄的證量，證得了無過失、了無功德的平常心，清醒赤裸，寬廣開闊，全然自在。你會了悟到，輪迴涅槃的所有現象全都有如孩童的嬉戲，那所謂的法身，即無緣的本初實性，正是那離於禪修或迷妄的極度清醒境界，如同純金。現在，不要因對此境界有所欲求而受到遮蔽，單是這個欲望就能把你帶到你不想去的地方。不覺受禪修，也不覺受離於禪修，永遠都不要離於無修的義理。若能對此保任持守，就能證得殊勝共通悉地。若無法做到這一點，那就再沒比你更爲無用的人了！」

王說：「就算沒有人比我更爲無用，但至少在有愧於三昧耶等方面，我毫無違犯。」

「王子，你不高興了嗎？」

「是有一點不高興。」他說。

「如果你不高興，就是抱有希望；如果你感到高興，就是抱有恐懼；如果你有希望和恐懼，就是有二元執著，那將會障礙無二淨智大樂、離於染垢之果。不要認爲有什麼是善是惡，透過無二元分別的密咒律，完全不顧一切的休息。如果你能夠單單持守這一點，就完全不會生起善惡的念頭。不管心去了哪裡，已然逝去；無論心如何留駐，它就停下。打個比方，安住在無爲境界中，就像是飛過天際的鳥所留下的痕跡。一旦離於費力勤作的包袱，就臻得了實相界的大樂。」

「王，要如此修持密咒教法。在你證悟力量未獲得穩定之前，都要按照《三藏》所教導的內涵來生活，按照密咒所教導的義理來禪修，具有大圓滿的見地，如珍寶一般的持守自心，指望眾多的具福弟子，總是對上師和空行母作供養，即使在你不想做的時候也作供養，了悟存有的一切顯現皆如幻相，並堅守自心本身是無生無滅的。」

為了使牟底贊普王子解脫，我貝瑪卡慈講授了《上師赤教：心要》。願具緣法子值遇此法。

薩瑪雅　甲甲甲

德兒甲　貝甲　迭甲　喀甲　桑甲

（三昧耶；封印，封印，封印；伏藏封印；隱藏封印；託付封印；命令封印；秘密封印。）

願我貝瑪名號者的業行和願望實現。

祖古・貝瑪・林巴從洛札的曼多崖取出此法。

6

寶　鬘

《寶海上師》的歷史與摘述 ①

諸方諸時之　歡喜者總集，
爲待調伏者，化現靜忿相，
頂禮無上師，總集諸本要。
我乃續部之　持明者貝瑪，

藉無量五身②以及八變相③，
撰諸修行法，爲利後世眾。
此中最精華　要訣之總集，
無非即爲此　甚深寶海集。
唯此心甘露，唯此命力滴，
於鬥諍期末，勸誡具緣心。
薩瑪雅，甲甲甲。
（三昧耶，封印，封印，封印）

在實相全然清淨界的自生本淨堡壘中，本自圓滿的廣空不落入任何方向，淨智寶瓶身的本體乃具德普賢王佛父母，離於任何實有。

從覺空的光輝中，顯現無前方或後方之身，而面向十方。從那眞如和本體的回應中，「身」現爲大日如來，「語」現爲無量壽佛，「意」現爲不動佛，「功德」現爲寶生佛，「事業」現爲不空成就佛，此即是利益眾生的密意。

更進一步而言，普賢王如來之語的本體，便是法身無量壽佛：其就在西方極樂淨土，無內外顯相的實相界自生堡壘。在五淨智的廣空中，有著孔雀盤繞爲莊嚴的日月座上，安住著阿彌陀佛，身色爲紅，一面二臂，具足報身莊嚴，雙腿盤坐，手結定印。

因無量壽佛欲行利益眾生之事，於是召顯身、語、意、功德、事業等五化身。身化身在極

---

①《寶鬘：寶海上師之歷史與摘要》收錄於《貝林伏藏法》第一函（Ka）：395—429頁。參見附錄乙。

②五身是法身、圓滿報身、化身、覺醒身、金剛身。

③八相，蓮花生大士的八種顯現或化身。此「蓮師八變」分別為：貝瑪卡惹（意思：源自蓮花）、貝瑪桑巴哇（蓮花生）、洛登．秋瑟（愛慧）、釋迦．森給（釋迦獅子）、森給．札卓（獅子吼）、貝瑪．嘉波（蓮花王）、多傑．綽勒（忿怒金剛）、尼瑪．沃瑟（日光）。

樂淨土，現作護法王阿彌陀佛之身，行利益眾生之事。語化身在蓮花湖，現作觀音❶形相，一面四臂，行利益眾生之事。意化身現作調伏尊主長壽佛的形相，行利益眾生之事。功德化身現作顱鬘力④的五種形相，行利益眾生之事。事業化身所現起的形相包括我蓮花生在內，行利益眾生之事。如此，皆為利益眾生而行。

在公火猴年猴月初十，從阿彌陀佛心中放射出一個帶有「策札」⑤的紅色「啥」字，觸及西北方國家鄔迪亞納達那郭夏島中的無垢光湖（直美·當登湖）。這時，有一朵具有二十五花藥的千瓣蓮花長出。在那之上，我蓮花生以八歲瑜伽士的相貌出現。所有天神都自上方獻予供養和禮讚，湖靈和神鬼八部皆作禮拜繞行，堅實的大地女神命名我為海生金剛（措奇·多傑）。

當我悠遊於實相的深義時，鄔迪亞納有一位國王，名叫因札菩提，他有千名朝臣和五百王妃，卻膝下無子。國王心想：「朕尚未擁有這個世界所極為需要的兒子。吾人必須取用所有虛幻事物的精華，藉此成就未來之利益。」

他因這個念頭，而在王宮的四方建立起四個倉庫，發放救濟的物資。他從各方召集百姓，慈善布施。最終，所有慈善房舍都已空盡，財富耗竭，但卻還有需要捐助的人。當國王垂頭喪氣地坐下時，虔敬的大臣持三德⑥對他說：「哦，大王，陛下，若能獲得汪洋外海對岸珍貴如意寶島上的珍寶，以此來修行布施，豈非更佳？」

國王回答：「如卿所言，當依此行。召集所有臣子和下屬官吏，我們要說服他們聽此建言，前往獲取如意寶。」

大臣聚集了王妃、大臣、官吏等所有眷眾，於是國王說：「哦，聽著，王妃、大臣、眷屬們，朕一視平等地慈善布施，國庫已然空匱，而有需求者的殷切渴望卻尚未窮盡，我們必須滿足他們的欲求。為此，是否有能人志士自願前往外海彼岸的如意寶島上，並取回珍寶？對該地有經驗的商人是為上上之選，而通曉知情的人士皆當自告奮勇。」

眾人之中，一位髮禿眼斜的年老男子站起，說道：「大王，要取回如意寶，就必須度過大海。給我一艘船，具有金屬強化的結構、四個角落的四帆、繫著鐵索的四錨，一隻能殺掉害人

❶即觀音菩薩。
④顱鬘力意為「顱鬘之力量」，是蓮花生大士的一種忿怒顯現。
⑤「策札」，最末的氣音，或是稱作「毗薩爾噶」（visarga）的梵文符號，由兩個垂直排列的小圓圈所組成。
⑥在有些資料中似乎被稱作「持黑天」。

海怪的白螺⑦，一頭能提供羊奶、讓海螺體力恢復的白母山羊，還有一切所需的器具。我們將在星相祥瑞的時刻出海。」

國王提供了商人所要求的一切設備。他們在蛇月的滿月之時啓程，三個月後，在秋季初月的十五日抵達了寶島。「取寶的時刻是否已然到來？」王問。

「大王，」商人回答，「從此處往西，有一座三層的寶石山。越過此山，到達另一邊，有一個由五種珍貴物質所建造的城堡。陛下到那門前，會找到一把金鎚，把它拿起來，往門上敲三響。」

國王一如指示地做完之後，走出了一位年輕貌美的女孩，說道：「哦，王，汝欲何物？」

「朕想要能夠賜予一切所需所欲之物的如意寶。」王說。女孩入內，拿了一顆如意寶，獻給國王。於是國王返回，當他接近商人時，他將寶物拿給商人看，以鑒別眞僞。

「王，這確實是能賜予一切所需所欲之物的珍寶。」商人向他保證。「您應該作祈願。」

國王獻上了祈願，他的失明立時痊癒，於是王被稱作「獲得視力」（，因爲他重獲視力）。接著君臣返回他們自己的國家。只要他們向如意寶祈禱，所需求的一切就會降下，所有眾生的貧苦皆得減緩。彼時，國王被稱作「拉擦高夏」。

一時，大臣持三德來到達那郭夏的岸邊。島上有一座稱爲無垢光的湖，就在湖中央，他見到一朵在花梗上的新生蓮花，美麗悅人，具有一千片花瓣。在廿五個花藥上，有一位美貌的男童，散發著璀璨奪目的光芒。這消息傳到了國王的耳中，於是他來到湖邊的突出懸崖上，親眼見到那朵蓮花。他看見大寶鄔金坐在那兒，神采飛揚，彩光燦然。於是他說：「若朕的如意寶是眞正的如意寶，那麼藉由我向您作祈願的力量，願此蓮花上的男童成爲朕的兒子。」

他如此祝禱，於是我鄔金被安置在和國王同一個座位上，受邀到王宮，升座而成爲王子。我被命名爲貝瑪．嘉波（蓮花王），五位王室公主被賜予爲我的新娘，芭薩達拉公主便是其中之一。我在此居住了二十五年，而佛法也樹立於王國中。

一次，當我外出的時候，奇妙地到達了王宮頂上。從天空深處傳來了自生的聲音，我向上望去，在白雲間出現一位年幼男童，右手持手印，說出此授記：「福哉，聖子。當捨棄這個王國，去從事利益全世界眾生之事。」說完後，他就消失了。鄔金如是獲得金剛薩埵賜予的授記。

接著，在我唱金剛歌並舞蹈之時，手上的三叉戟從王宮頂上落下，砸死了一個大臣的孩

⑦據信，把一隻海螺扔進海怪的嘴裡，可以保護自己不受其傷害。並且，螺的旋紋轉無息，代表空性，是對任何怪物的最佳防禦。參見 Dowman 1984: 198, n.52。

子，於是，按照律法，我被流放到稱作「清涼苑」的屍陀林。在此墳場，我貝瑪・嘉波藉由從死屍、毒藥等物萃取維生精華的修行，生活了五年，並變得通曉五明。

之後我前往瑪拉雅山天鐵頂峰上的國王札⑧宮殿，獲得了各函法行的灌頂。在熾燄屍林，從化身噶饒・多傑（極喜金剛）處，我獲得了《王權寶瓶》灌頂，並領受了密咒密續外、內、密的所有教授。復於森林網格岩洞中，果瑪德薇（牛主天女）公主給了我外、內、密灌頂，在教言方面則授予完整的五部最精要密續。在密叢⑨（屍林），我從上師師利・星哈處，接受了阿底瑜伽教法，包括界部、父續、母續、母子續。在密嚴淨土，我面見金剛持，獲得自生覺性能量的灌頂。

接著，我造訪八大屍林，從八大持明者——身持明妙吉祥友、語持明龍樹、意持明吽嘎拉、功德持明無垢友、事業持明光明象、瑪姆持明達納桑斯克利塔、供讚世神持明天月、猛咒詛詈持明寂藏那裡，獲取《修部八大言教》⑩的所有完整灌頂，以及《修部八大言教》密續的所有口傳和竅訣。再次回去後，我成爲八位持明者的上師之一。

接著我前往薏嘎拉提屍林，成就了長壽佛的修法，成爲無死持明。在卡薩爾巴尼❷山，我轉動調伏眾生的大悲（觀音）法輪。在菩提迦耶，我養育教法田，戰勝六種外道大師和斷見者，使得心靈宗教如烽火般照亮黑暗。

此外，大圓滿密續教法自然生起，降臨在我身上：法身普賢王如來以單一的加持就將它們全都賜予我；報身金剛薩埵透過密意和表示而授予我；化身極喜金剛則透過言詞和詩句而傳予我。❸

法身藉由加持而傳授的方式如下：地點在廣袤虛空界，全然清淨剎。在本初清淨的自生堡壘中，這就是吉祥普賢王如來。在毫無實存、有如虛空的境界中，顯現出形相、面容、手，這就是金剛薩埵。在密嚴淨土、無參照點的密意中，自然具有加持，這就是傳授。

報身藉由密意表示而傳授的方式如下：在密嚴淨土的法堡中，基於同樣的普賢王如來及本

---

⑧薩訶的國王札，有時和因札菩提王相關，但是因札菩提一名被用於兩人或三人，札王有可能就是中間的那位因札菩提。

⑨密叢是一處屍林。

⑩修部八大言教是瑪哈瑜伽八位主要本尊及其相應的密續和成就法：文殊身、蓮花語、真實意、甘露功德、普巴事業、招遍瑪摩（召遣非人）、威猛詛咒、世間供讚。

❷卡薩爾巴尼亦是一種觀音菩薩的形相，一面二臂。

❸此處所說的三傳承是：諸佛密意傳、持明徵示（表示）傳，以及士夫（補特伽羅或人間）口耳傳；另外還有三傳承：黃紙詞句傳、空行囑咐傳、發願灌頂傳；共稱為六傳承。

體的大悲，具德金剛薩埵以八歲童子貌，降臨在一枝蓮花上。從金剛薩埵心中，金剛廣空的整個壇城開啓，自生大圓滿的所有密續，都透過密意和表示而傳授。

藉由言詞和詩句傳授的方式如下：在西北方的鄔迪亞納國，在稱作托爾裘阡的九層堡壘中，有一位公主：蘇達瑪（妙法）尼師。她是國王鄔帕拉嘉的女兒，母親是囊薩．婀登。她已經投身於寺廟生活，持守清淨的戒律基礎。一晚，在夢中，來了一位身爲水晶的白淨男子，帶著嚴飾以五佛部種子字——嗡、吽、帳、啥、啊——的寶瓶。他將寶瓶置於公主頭上，並將甘露倒在她的舌上。她如此做了這樣的夢。由於這個勝妙兆相，過了九個多月之後，公主從右側兩肋之間產下一名男嬰，具足了佛陀的相好。天眾降下花雨，說了諸多吉祥語。他後來被命名爲噶饒．多傑（極喜金剛）。當時，在天鐵香山上，自然傳授大圓滿教法的時候降臨，噶饒前往勝顯山，於人類時間十三年的期間中，住於禪修。他的心具足淨智精藏，來到了密嚴淨土，從具德金剛薩埵處完整領受了大圓滿的所有教法。金剛薩埵僅僅藉由一個象徵性的手印，就傳授了這一切，六千零四十萬部密續融入他的心意中。接著，他在熾燃山屍林，安住於大密戲現的禪定中。

同時，在漢地一個稱作婆搜沙的國家，師利．星哈誕生爲秦達．給登和囊薩．欽登瑪的兒子，他的修行受到過去世的特質影響而增上。當他在啞女花園墳場禪修時，大悲（觀音）眞實顯露面容，給予他這個授記：「若你想要即身證得究竟義理、證悟之果，就要前往熾燃山屍林。」

於是師利．星哈前往熾燃山，在那裡見到了噶饒．多傑。師利．星哈說：「偉大上師，若這能令您感到高興，就請傳授自生大圓滿的深奧精髓給我。」噶饒．多傑賜予了完整的外部經藏和內部密咒之果——透過言詞和詩句，傳授了阿底瑜伽的所有教授。接著他前往密叢大屍林，住於禪定中。

在那期間，我鄔金．貝瑪正居住在搜薩崚大屍林中，五部空行母給了一個授記：「大師，前往密叢屍林，您在那裡會見到一個人，他具有能夠成佛的教授。」我蓮花生遂前往密叢，見到了大持明者師利．星哈，並請求他慈悲給我教言。師利．星哈詳盡賜予了完整的外、內、密教言。最爲重要的是，他授予了阿底大圓滿的所有密續——界部、父續、母續、無二續，毫無遺漏。

接著持明者師利．星哈說：「於《三藏》中修煉自心。」於是我在東方的菩提迦耶修習並精通了《經藏》，在南方修習並精通了《律藏》（毗那耶），在西方修習並精通了《阿毗達磨》

（論藏），接著在北方修習並精通了《般若波羅蜜》。密咒教法中的修心則是如下：我在鄔迪亞納國學習並精通了《三藏》，我在薩訶國學習並精通了續部、心部等二部教法，在納惹匝惹學習並精通了橛（普巴），在僧伽羅修行並精通馬頭明王，在巴度拉修習並精通事部，在尼泊爾修習閻魔敵並成爲大師，瑪姆是在瑪汝澤❹修行和精通的，在菩提迦耶的金剛座則精通了《八大法行》以及密集金剛之父續和母續。

接著是著名的蓮師八變。我前往西方的吉祥鄔迪亞納，從達那郭夏湖的島上，獲得了神妙殊勝的力量，那時我被稱作貝瑪卡惹（蓮花源）⑪。在嘿汝嘎十聖地中最爲殊勝的清涼苑，我獲得種種功德之力，而被稱作貝瑪桑巴哇（蓮花生）。在靠近毗舍離城的惹噶·熱克他屍林，我獲得遍知力量，於是被稱作洛登·秋瑟（愛慧）。在東方的歡喜林墳場，那是空行母聚集的聖地，我獲得了控制三界的力量，那時我的名號是貝瑪·嘉波（蓮花王）。在搜薩崚屍林的多層大自在天塔前，我獲得調伏眾生的能力，而被稱作尼瑪·沃瑟（日光）。在印度東方的國家，在薩訶王的國土中央，我在那裡獲得了忿怒調伏眾生的力量，而被稱作釋迦·森給（釋迦獅子）。在摩伽陀的國土中央，於菩提迦耶的北方，我獲得了降伏斷見者的力量，而被稱作森給·札卓（獅子吼）。在雪域國西藏那裡的塔倉·森給·桑祝（獅子願成虎穴），我獲得了誅除的力量，那時我的名號是多傑・綽勒（忿怒金剛）。

以這蓮師八變，我在印度四處無方雲遊，經歷覺受持明者的灌頂和教學，有如水吸收鹽分一般。我持具聽聞和思惟，完全確立了實相的見地。

接著我感到調伏薩訶王國的必要。那裡的國王毗哈爾達拉有一位女兒，於外顯現為空行母的形相，於內為聖度母，於密為金剛亥母，極密則是普賢王佛母的戲現。這樣的一位智慧空行母，那時正和學童們共同住於寺院中，持守淨戒，而我鄔金從蒼穹而降，自虛空中的一道彩虹走下，抵達宮殿，雙腿盤坐。當公主和學童們見到我的時候，她們設立起一個巨大的金座，邀請我就座於宮殿中，並向我禮拜。公主說：「聖人，無上君主，法王，您是來自哪個勝妙聖地或淨土？您是來自哪個種姓？您來自何方？您來到這個地方意欲為何？有何偉大目的？」

我鄔金回答：「我剛從西方淨土而來，我的種姓是普賢王如來、阿彌陀佛、嘿汝嘎。我自

❹是一處屍林。

⑪貝瑪炯內這個名號通常用來翻譯貝瑪桑巴哇，雖然也能用來翻譯梵文的貝瑪卡惹。第二個稱號在傳統上會保留梵文用語，即貝瑪桑巴哇，這已成為西方學者所通用的名稱。

一朵蓮花中出生而來，不受母胎所礙。我的名字是蓮花生。我此行的意圖是安立公主於佛法中。」

接著公主獻上一只金銀曼達，說：「大師，我請求大乘密咒的深奧精髓，便於修行的迅捷道，那能利益有情眾生的教言。」

我蓮花生將調伏眾生的完整大悲（觀音）教法，詳盡教給了曼達拉娃公主和學童們，並且賜予了三部心髓（寧體），以及一切最勝教法，毫無遺漏。以毗哈爾達拉王為首，安立整個薩訶王國於佛法中。公主和蓮花生，我等二人前往高原群山間的一個山洞中，住在那裡修行。在某個時刻，我明白自己已然完成利益印度眾生的工作，該是要調伏喜馬拉雅各王國的時刻了。」

「唉呀，公主，」我說道：「從這裡向北而行，在十三座黑山的另一邊，有著喜馬拉雅山的各個王國，居住著猴子的後代。調伏他們的時刻已然來到。若妳尚未完成對教法的修持，現在就要完成。」

公主頂禮：「只要我還活著，甚至直到我成爲死亡門前的老婦之時，都請您留在這裡，保護薩訶王國。如果您不同意，而我們前往西藏，在那裡，能找到什麼樣的施主提供生活所需的物資？在那裡，能找到什麼樣的偉大法嗣持具佛法的傳承？在那裡，能找到什麼樣的聖地以供修行？在那裡，能找到何種如我這般的女性修行者？」

「公主，當我前往西藏的時候，提供生活所需物資的施主，會是赤德贊普王和瑪香·孔久的兒子。他出生在秋季初月的龍月初八，是文殊師利的化身，被稱爲赤松德贊。他將成爲法王，並安立喜馬拉雅山各王國於安樂中。持舉佛法傳承的偉大法嗣，會是桑傑·耶喜、嘉華·秋陽、南開·寧波、尼雅·嘉納、卡千·措嘉❺、巴吉·耶喜、朗仟巴、毗盧遮那、牟赤贊普等人。將有很多如此的偉大繼承人持舉佛法的傳承，但最重要的是，基於我的祈願力，會出現君王後裔、八位林巴佛法大師和眾多其他的伏藏師。從現在起，直到人壽三十年的時候，他們將會一直守護著法教。」

「關於修行聖地，有身的修行地札奇·揚宗、語的修行地桑耶·青埔、意的修行地洛札·卡曲、功德的修行地雅隆·雪札、事業的修行地三個森給·宗（獅堡）、瑪姆的修行地香坡宜·崗、降伏一切惡勢力的修行地內星·裘雲、猛咒詛詈的修行地雅瑪壠、喜尊總集的修行地鄔策·日嵩。此外，還有關於塔倉（虎穴）、葉爾巴、帝卓、廿一雪山、九湖泊、四祕境、五

❺指卡千的耶喜·措嘉。

壑土、不丹的身印崖、南喀宗和許多其他同樣偉大神聖地點的授記。」

「至於如妳一般的女性修行者，在我離開此處、上行至彼處時，在尼泊爾會有一位名叫釋迦德瓦❻的尼泊爾女孩和尼泊爾臣民卡拉悉地，在西藏會有女子耶喜・措嘉、塔納克的多傑・措、不丹女子札西・伽諄、來自苯塘的布姆登・奇公主，還有國王的各個女兒，將會有很多如此的女性修行人出現在那裡。」

在我敘說這些的時候，法王赤松德贊方十三歲，他的父親赤德贊普即已駕崩。在他十五歲至十七歲的期間，國家出現戰亂紛爭。二十一歲之時，於鼠年，他生起了建造桑耶寺的想法，他思忖：「我的祖先松贊干布也曾建立許多寺廟，例如拉薩的小昭寺（熱莫切），並且安奉了很多自生佛像，其中最主要的就是覺沃・釋迦牟尼。在加持西藏全土之後，他教導了長、中、短三部《寶篋經》⑫，如此奠立了神聖佛法。我也一樣，現在西藏這裡，濃暗悲鬱滿溢，因此我必須令佛陀教法如日般照耀，方法是：(1)建造寺廟，此為佛身之所依；(2)翻譯聖典，此為佛語之所依；(3)建立寺院組織，此為佛意之所依。」

赤松德贊召集了所有的官吏、眷屬、大臣、王侯，作此演說：

「聽著，諸王、大臣、官吏、侍從們。朕的祖先松贊建造了拉薩的小昭寺和其他鎮壓邊境和鎮壓遠地的寺廟，樹立了佛陀教法。朕也在思考是否應該在象地建造一座水晶佛塔，高到足以看見漢地；或是打造一條銅質渠道，大到足以容納藏布江的上游；亦或建造一座典範寺廟。請商議後呈上建言。」

這是王命，於是大臣們合議之後，呈上他們的建言：「哦，大王，您沒辦法找到水晶或銅以製造水晶佛塔或銅管，所以最好還是建造寺廟，而且是運用測量法來建造。」

「讓我們用各方向皆以一支箭射出的距離，來決定這座寺廟的大小。」王說。大臣們退到一旁，秘密商討，一致決定要挖空箭的內部，塡以金沙或沙子。[13]於是塔惹路貢以沙子塡滿一枝箭的內部，遞交給國王。國王把箭射向四個方位，如此標記了桑耶的建地。接著，爲了加持土地和建造鎮地的寺廟，國王從那爛陀請來了這位十地菩薩、釋迦牟尼的補處：寂護阿闍黎，亦稱作菩薩堪布。他前來加持了土地。從三層樓的大殿[14]開始，奠下了寺廟的地基。然而，人

---

❻釋迦德薇或釋迦天女。
⑫是關於觀音生平的一部佛經，屬於事部瑜伽。
⑬這會使箭變重，讓寺廟的度量變短，是那些吝嗇大臣們的目的。
⑭三層樓、三種風格的大殿是桑耶寺諸殿的主要建物。

類日間的建造成果卻在夜間被神鬼拆毀，山石被運回山裡，河石也回到河裡，這時國王變得氣餒而說：「雖然我生而爲王，但我必定宿業不淨，否則就是西藏百姓的福德淺薄，再不然就是十方諸佛菩薩的悲心甚微。否則，何以此等的善行無法實現？」

堪布回答：「西藏這些至爲凶猛作祟的神鬼，並不受伏於我心的大寂靜。有一人現居印度，他透過往昔所作的祈願而具有宿緣，名字是鄔金．蓮花生。他不受生死的二元分別所擾，大力降伏了八部神鬼而對其承事。如果您能帶他來此，王的抱負將得以實現。」

於是國王派遣三名使者——來自雅隆的巴密赤學、多傑．敦炯和另一人，前往印度邀請大士。此時，我以神通知曉來自西藏的這三名使者，正前來邀我赴往彼處；由於印度的路途難行，所以我認爲最好要先行出發，至少可先到達尼泊爾⑮。我透過天空中的虹道而行，抵達了尼泊爾的欸宜寺。我修持金剛橛命刃七日，並在欸宜寺藏起很多寶藏，然後三位使者抵達。他們來見我的時候，供養了一升黃金並禮拜。我告訴他們：「我所有的覺受都是黃金，並不需要你們的虛幻金子。」便把所有的黃金拋到空中。這個舉動令三位使者大感驚異，心生焦慮，我尋思這是因爲在西藏這個國家，人心貪婪，故視黃金極爲珍貴。於是我倒出一手掌的小石子，要他們把自己的衣袍像是圍裙一樣地向外拎起。當他們照著做時，我所倒入的小石子全都變成了黃金，還從他們的袍子溢出，落到地上。使者們目瞪口呆，接著就護送我前往西藏。

國王、大臣和官吏來到遠處迎接我，陪同我前往具德桑耶。法王赤松德贊供養他所有的虛幻財富給我，說：「哀哉，大師，西藏這惡劣荒漠之地，是個未開化的邊地，受到猛厲神鬼的控制。他們正製造障礙，阻止我興建寺廟。請展現能繫縛他們於誓言下而興建寺廟的方法。」

於是我蓮花生在紅岩的塔瑪日斯克林住於禪定中，繫縛西藏的八部神鬼於誓言下，他們全都向我獻上了各自的命力精藏，並承諾一如僕人般地承事。虎年（八一一年）春季初月的滿月之時，在勝利星和土星之日，我們從三層大殿開始，為桑耶的一百零八座廟殿奠基。以四大天王⑯作為我的工頭，神鬼在夜間所進行的建造工作，比人類在日間所做的更多，廟堂建起：三層大殿、三界銅殿、廣善沙殿、金孤殿⑰、菩提殿、經咒殿、翻譯殿、清淨殿、阿彌陀佛殿、馬頭

⑮有些資料說，靠近尼泊爾邊界的芒域就是蓮花生大士等待使者的地方，有時候也說這些使者有五人。

⑯四個方向的守護者。

⑰在很多記述中，這三殿是由三位王妃所資助：頗雍的嘉嫫．尊王妃建造了金孤殿；策龐的瑪爾堅王妃建造了三界銅殿；綽的蔣秋．曼王妃建造了廣善沙殿。

明王殿、聖帕羅、鎮伏夜叉、上和下、幻力殿、四佛塔、藏寶閣、周匝山……全都成功建起，在馬年（八一四年）⑱完成。羊年，舉行了開光勝住和落成典禮，並出現不可思議的神妙兆相。

三位王妃負責主持三座的妃殿，偉大法王則住在三層大殿之內。每個月都會舉行特別的法會。瑪爾堅王妃⑲生下了兒子牟如贊普⑳和奴堇公主。曼德．桑嫫生下了兒子牟赤贊普㉑、創芭．堅公主、雷堇．桑嫫三兄妹。牟如贊普被流放到邊地，於是牟赤贊普繼承了王國。但是瑪爾堅王妃生起妒嫉心，對他下毒。在此期間，寂護翻譯佛經，而我則翻譯咒典。堪布和大士一起從印度帶來了很多的外部經藏和內部、密部的咒教。法王召集了毗盧遮那等西藏的孩童，他們跟隨我們——堪布和大士——學習語言學，接著被派遣到印度。在譯師留學到印度的這段期間，他們從學於師利．星哈等具有智慧的印度班智達，獲得了因的外子乘和果的外子密、內子密——內、密咒的所有教法。他們返回西藏以後，使得經咒續部教法如聖火般，在晦暗的西藏燎起。

那時，蔣秋．諄產下一個公主，名為蓮花明。之後生下了一個男孩，叫作牟底贊普㉒。牟底贊普還小的時候，法王赤松德贊即駕崩。我認為牟底贊普過於年幼，無法執掌王國，所以我對國王崩殂一事保密，說他在閉關。我鄔金執掌王國二十五年，接著秘密揭曉，王國被託付給牟底贊普。

所有深奧教法都被寫下，安置爲身伏藏、語伏藏、意伏藏、和所有補充支分伏藏。這些全都作爲伏藏，隱匿在喜馬拉雅地區的山巒、懸崖、寺廟中，託付給伏藏主。我在三層大殿

⑱對於桑耶寺的建造日期有諸多揣測，在此不作探討。很多對桑耶寺的敘述都說：主殿代表須彌山，四個方向的廟殿代表四大洲，這四殿又各有兩個衛星殿，作為兩小洲，總共有十三殿，仿照古代宇宙觀的世界體系布局。通常各佛塔、周匝山、諸妃的廟堂似乎都不算在這十三殿中，但在這裡是計算在內的。

⑲瑪爾堅王妃或策龐的瑪爾堅夫人是赤松德贊王的大王妃。

⑳牟如贊普在某些記述中，是赤松德贊和瑪爾堅的第二個兒子，因為殺害一位大臣而遭流放。這裡並未提到而應該有的是長子牟尼贊普，他在父王駕崩後登基，並娶了父親的一位年輕妃子。在大多數記述中，他只在位不到兩年，就遭到母親瑪爾堅所謀害，殺了他和他的王妃。在這個記述中，那個事件發生在一位牟赤贊普身上，必然和牟尼是同一人，雖然在其他地方，牟赤似乎和較年幼的兒子牟底受人混淆。然而，所謂的《拉薩紀事》則有以下的順序：牟赤、牟尼、牟如、赤德松贊。

㉑參見上面的注釋⑳。

㉒牟底贊普甚至比其他幾位贊普更讓人困惑，有些記述說他是國王和瑪爾堅的第三個兒子，雖然這裡說他是另一位王妃的兒子（和牟赤相同，這只讓他被謀殺的事相較於被生母所弒，略為不那麼駭人聽聞）。有時會說他出生於八二三年，若然，則他似乎和赤德松贊是同一人。赤德松贊亦被稱作賽納累，延續了赤松德贊的佛法事業，是這段歷史中最重要的一位。很多記述也說，他在登基時，年紀非常幼小（四歲或七歲），還需要攝政，儘管這裡關於把蓮花生大士本人當成是攝政的記述，可能是獨一無二的。

開啓《極密教言總集》[23]之壇城，君王和臣民爲這些伏藏祈禱發願，希望在未來，當人壽成爲三十年之時，深奧伏藏將會成爲法教的依怙。然後我告訴牟底贊普：「偉大王子，如今已過了一百一十一年，喜馬拉雅眾生的福祉已然實現，我現在要前往西南方的妙拂洲降伏羅刹[24]。」

當我如此訴說之時，牟底贊普昏厥，如被砍倒的樹木般倒下。措嘉對他灑水，把他弄醒過來，他說：「主呀，三時遍知的蓮花生大士，您鄔金如何能不悲心照料我？我這國王就像是無父的孤兒一般。我乞求您，只要我還活著，您就留在西藏。」

王在愁雲慘霧中如此對我施壓，於是我想，應該帶他去香地的薩布隆做些修行，驅除他的悲傷。我說：「哦，王子，讓我們前往薩布隆，在那邊待個幾年。」

所以我們三人——鄔金、措嘉和王子，前往香地的薩布隆。該處的地面有如骷髏的地毯，那是瑪姆和空行母的聚集聖地，也是勝共悉地如雨降臨的地方。我們住在雪山環繞的薩布隆，那時，我對王子說：「偉大法王，聽我說！這世上的一切有緣現象皆爲無常，如夢一般。出生的終點是死亡，相會的終點是別離，累積的終點是耗盡，建起的終點是倒塌，行爲的終點是空盡。一切諸佛都有祂們各自的弟子，一切有情眾生都有他們各自的痛苦。如我蓮花生之輩，已經完成了教化印度等地的使命，喜馬拉雅地區眾生的利益已然圓滿，蓮花生將前往妙拂洲。王子，毋需擔憂。對於我所有虔信的孩子，無論我是留是走，都是一樣的。向我祈禱，牟底贊，我將會通曉此生來世的所有目標。好好修持你所獲得的教言。」

牟底贊普王子向我懇求：「偉大上師，那麼請您賜予一個往昔勝者從未傳授過、沒有譯師曾經翻譯過的教法，是針對此時此刻、這個時點的佛法，是鄔金自心的深奧精髓，一部三根本——上師、本尊、空行——的成就法，特別深奧、宏偉、易於理解的導引。」

作為對此請求的回應，我鄔金授予法王牟底贊普要義竅訣，尤為深奧精要，是來自我心界中秘密教言的關鍵生命精華。在顯露心部的所有教法之後，我安立他於《寶海上師》的教言中。牟底贊普成就了上師三身，修持立斷和頓超，於是悟得一切顯相皆如夢幻。他證得了實相界的見地，感知無生義理。

接著牟底贊普說：「偉大上師，我的姊姊蓮花明公主❼將無法長命完壽，我只有短暫與她

㉓《極密教言總集》亦即《上師極密教言總集・法海》。
㉔神鬼八部之一，也是居住在西南方妙拂洲的食人蠻族。
❼依照本章前述，蓮花明公主生在牟底贊普之前。

相伴的時光，以您的悲心，請用您賜給我的這個教言關照她的佛法使命。」

鄔金說：「嗯，就這麼辦吧。措嘉，將此盡付於書錄。」

於是措嘉用鼻子滲流的血和六種精華成分，毫無錯誤也毫無遺漏地，將《寶海上師》的教言寫在會變色的紙張上，並把它交給上師。在青埔，我們三次檢查是否有誤，之後將其封藏在犀牛皮匣中。牟底贊普王子問：「若您要把這教法當作伏藏藏起，您會藏在哪裡？取出它的時間爲何？會有哪些聖者持有這些教法？他們將會如何利益有情眾生？」

我回答：「這些心部的教法將會作爲伏藏，隱藏在獅面，在形如三塊砌爐石塊的白崖北邊，兩河交匯處，於洛札稱作曼多的石崖中，那個地方在桑耶這裡的西邊。八百七十年過去之後，會被取出。那時，在喜馬拉雅山的王國這裡，會有九貢波兄弟靈的教法生起，人類的領袖散布貪瞋之戰，佛法各宗派的戒律毀壞無存。那時，很多人會有不適當的行爲和不如法的了悟，在家人穿戴法師的衣飾，還會執取紅、黃，造作惡行。地主神和星曜神會散布邪惡，並出現很多無法醫治的傳染疫疾，人們的供養是獻給被當成神祇的惡魔、羅刹、貢波靈，神靈的要塞被用作掩蔽戰壕，祺戎的佛堂被據爲軍營。那就是《寶海上師》教法被取出和重新宣揚的預定時候。」

「那時，你現在的姊姊會誕生於此地西南方的苯塘地區，在一座形似雙手合掌的低谷，那是一個如同雨傘邊緣的僻遠處，四周有森林和草原環繞，形狀像是個火爐的小地方。這個叫作貝瑪的男孩將會在公鐵馬蛇年出生，父親是敦祝，母親是貝瑪。他的身體結實，皮膚赤紅，軀幹有三個白色的胎記作爲莊嚴，他的右手背上有個『啊』字的記號，大腿內側有個像是眼睛的胎記，心間則有個豆子大小的舍利。他將有淨觀的覺受，貪慾之心會被摧毀。他的粗言惡語有如馬鳴，開展種種佛法與非佛法的事業，遭受諸多批評詆毀，但利他之心會鼓舞他，所有與他結緣的人都會成爲持明者。在他二十七歲之時，會遇見我貝瑪的深奧伏藏——這部心部的伏藏：《寶海》。那聖者會將此取出，授予灌頂、導引、教授，成熟眾生並安立彼等於解脫道上。持舉此教法的具緣者，將會是一個來自雅隆而名叫朵楚的男子、朵貢的達瑪、尼雅的多傑、苯塘的嘉措、洛札的索南，還會有一些具緣的其他孩子前來護持此教法。教法將會爲了眾生利益而傳揚於前藏、後藏、貢、康、不丹、洛札。此伏藏教法的法教將會傳播，直至人壽三十年時爲止。」

虎年春月初八，我鄔金·貝瑪與措嘉一起來到洛札的曼多（藥石崖）。在不變崖上刻下「啊當母」爲記，完整的《寶海》教授被封存於褐紅色的犀牛皮匣中，烙上七層封印，封藏爲伏藏。外，被託付給索達．恰帕．卡爾波；內，託付給臣服者（卡誦）；密，託付給空行母。

諸位，伏藏主！
若時間錯誤或盜寶賊出現，
就控制他們的生命力功能。
未來，在蓮花明的最後一世，
願名爲貝瑪者，能在正確的時間尋得。

以此誓句，封印伏藏。

在教法五濁時期的中期，在母火兔年（一五〇七年）秋季初月滿月之時，按照鄔金的發願祈禱以及空行母授記，我貝瑪．林巴從洛札的曼多崖將此取出。

薩瑪雅　甲甲甲　德兒甲　貝甲　迭甲　喀甲

桑甲　當甲　匝甲

（三昧耶；封印，封印，封印；伏藏封印；隱藏封印；託付封印；命令封印；秘密封印；神聖封印；深奧封印）

願我貝瑪之事業和祈願得實現。

【附錄甲】

貝瑪．林巴傳承的轉世表

約翰．阿爾杜西（John Ardussi）彙編在此附錄中的資料，彙整自幾個不同的來源，包括書錄和口傳，主要來源則列於文末。貝瑪·林巴的前世順序（還有第一世嘉瑟或崗頂祖古的前世）在此以字母作標記（在原本的資料來源中，並沒有對他們的正式編號方式）。至於其法座，貝瑪·林巴的轉世已取得在不丹和西藏兩地的寺廟，並在傳法時，經常在這兩個國家之間往返。

貝林·宋都仁波切

法座

1. 不丹苯塘的唐興·倫珠·闕林

2. 西藏的洛札·咕汝·拉康（洛札的蓮師廟）是從第二世宋都·丹增·札巴開始，和嘉瑟·貝瑪·欽列共用。

3. 由於不丹國王陛下最近的任命，宋都仁波切現在駐錫於不丹東部，靠近札西崗的札美澤·特秋南卓·鄔金闕林。

前世

A. 蓮花明公主

B. 瑞瑪・桑傑祺明妃

C. 覺姆・貝瑪・卓瑪尼師

D. 拿羌・仁欽・札巴咒士

E. 蓮華業緣力貝瑪・楞遮匝（一二九一—一三一九）

F. 龍欽巴・直美・沃瑟（一三〇八—一三六三）

G. 托卡爾

貝瑪・林巴及其轉世

1. 貝瑪・林巴（童年名字：巴久）（一四五〇—一五二一）

2. 丹增・秋札・培桑，亦名爲丹增・札巴（一五三六—一五九七）

3. 袞千・祖慶・多傑（一五九八—一六六九）

4. 多傑・米究策，亦稱作拿旺・昆桑・若貝・多傑（一六八〇—一七二三）

5. 昆桑・才旺，亦名爲丹增・竹秋・多傑（一七二五—一七六二）

6. 昆桑・滇貝・嘉岑（一七六三—一八一七）

7. 貝瑪・丹增，亦名爲昆桑・拿旺・確吉・洛卓（一八一九—一八四二）

8. 昆桑・德千・多傑，亦名爲聶登・滇貝・尼瑪（一八四三—一八九一）

9. 丹增・確吉・嘉岑（一八九四—一九二五）

10. 貝瑪・沃瑟・久美・多傑，亦名爲圖登・確吉・多傑（一九三〇—一九五五）

11. 昆桑・貝瑪・仁欽・南嘉（生於一九六八）

貝林・圖瑟仁波切①

法座

1. 拉隆・美朵・拉囊・特秋・饒傑林，位於西藏的洛札。（這座噶瑪巴的寺廟在一六七二年由第五世達賴喇嘛賜給貝林轉世使用。這個法座由貝林・圖瑟和貝林・宋都共同使用，他們有時會將拉隆作爲修飾語，放入自己的頭銜中。）

2. 唐興・倫珠・闕林，位於不丹的苯塘。（這個法座也是與貝林・宋都一起使用。）

①在木犬年（1814年，但修訂至1820年）的《*Bod dang / bar khams / rgya sog bcas kyi bla sprul rnams kyi skye phreng deb gzhung*》中有另一系列的圖瑟仁波切世系，收錄在《西藏重要歷史資料選編》（*Bod kyi gal che'i lo rgyus yig cha bdams bsgrigs*）（《雪域文庫》〔*Gangs can rig mdzod*〕，第十六集，327—8頁。拉薩：西藏藏文古籍出版社〔Bod ljongs bod yig dpe rnying dpe skrun khang〕，1991）。這份結集名單列出了在中國安辦（中譯註：清廷駐藏辦事大臣）處所登記的轉世記錄，但並未正式呈交給皇帝批準許可。因此，這些是留存在拉薩供地方當局使用的記錄。第二世和第三世圖瑟的名字、順序，與咕汝‧札西的敘述一致（《咕汝札西之佛教史》：657頁），但保存在不丹的傳統名單中，對於這兩位轉世的描述則不甚明確。此外，這也是唯一記載他們年紀的資料來源。在這份名單中，第五世至第七世的名字，和保存在不丹的資料來源完全不同。他們生活在準噶爾入侵西藏的年代，宗教迫害使得很多寧瑪的機構陷入混亂。

1	達巴‧嘉岑	出生在茾之苯塘	96歲卒
2	尼達‧嘉岑	出生在茾之邦登隆巴（文字有誤。他出生於芒逮壠，現在的充薩，曾經被認為是苯塘的一部份。）	20歲卒
3	尼達‧隆陽	出生在門之苯塘	4歲卒
4	丹增‧久美‧多傑	出生在門之苯塘	50歲卒
5	洛桑‧吉美	出生在聶莫‧嘉溝巴	52歲卒
6	洛桑‧彭措‧嘉措	出生在苯塘	50歲卒
7	拿旺‧吉美	出生在桑耶	著書時正值37歲

達瓦・嘉岑及其轉世

1. 達巴・嘉岑（一四九九年生）
2. 尼達・嘉岑[2]
3. 尼達・隆陽[3]（活躍於十七世紀初）
4. 丹增・久美・多傑（一六四一—約一七〇二）
5. 久美・秋竹・貝・巴桑波（約一七〇八—一七五〇）
6. 丹增・確吉・尼瑪（約一七五二—一七七五）

7a. 昆桑・久美・多傑・隆日・確吉・勾恰（約一七八〇—約一八二五）（於拉隆陞座）

7b. 丹增・拿旺・欽列（駐錫於多傑札）

8. 昆桑・嗣能・薛巴才（7a的轉世）
9. 圖登・培巴（一九〇六—一九三九）
10. 特秋・滇貝・嘉岑（一九五一—），出生於西藏的札囊[4]

貝林・嘉瑟仁波切（亦名崗頂祖古）

法座

1. 崗頂・桑拿・闕林，靠近旺迪頗章。

2. 傳統上的冬季法座：彭措・饒登林，落成於一六八二年。

前世

A. 尊達菩薩

B. 克巴・千波・登瑪・策芒，亦名為南卓・耶喜

C. 拉・喇嘛・耶喜沃

---

②出生在不丹中部的芒逮瓏（靠近現在的充薩），在那裡建立了噶嘎爾寺。

③出生在苯塘的闕廓・香喀爾，於噶嘎爾陞座，但童年即因病去世。他和他的前世都未被列入拉隆和咕汝・拉康（蓮師廟）的寺院傳承中，因為他們從未在那裡陞座。（詳情參閱《咕汝札西之佛教史》：657頁。）

④關於第十世圖瑟的資料和第九世圖瑟的年代，感謝芙蘭斯瓦絲・彭瑪瑞（Françoise Pommaret）提供。

D. 克秋．貢嘎．札巴（譯師俄．洛登．喜饒的弟子）

E. 釀瑟．丹增．雲丹

F. 雷巴．嘉岑，亦名爲旺秋．培巴

G. 蔣揚．恰迭．倫珠（洛札．拉雅．嘉波的兒子）

H. 大伏藏師直美．林巴（來自不丹的苯塘）

I. 堪千祖慶．巴久（生於洛札⑤）

貝瑪．欽列及其轉世

1. 貝瑪．欽列（一五六四—一六四二？）

2. 丹增．雷貝．敦祝（一六四五—一七二六）

3. 欽列．南嘉，亦名爲昆桑．貝瑪．南嘉（約一七五〇年去世）

4. 丹增．慈璽．南嘉（一七六一？—約一七九六）

5. 鄔金．給雷．南嘉（一八四二？卒）

6. 鄔金．滇貝．尼瑪（約一八七三—一九〇〇？）

7. 鄔金．滇貝．寧傑（霞仲．吉美．確嘉〔一八六二—一九〇四〕❶的兄弟）

8. 鄔金．欽列．多傑

9. 仁增．昆桑．貝瑪．南嘉（一九五五年十二月十七日生）

---

⑤《咕汝札西之佛教史》（654頁）稱他為秋隆堪千，顯然在洛札曾有一座秋隆寺。他是傳承的第七位，具有獨特的身體標記，幼童貝瑪．欽列被認出具有相同的胎記。

❶霞仲．吉美．確嘉是不丹建國者霞仲．拿旺．南嘉的一位轉世。

資料來源：

(a) 伏藏師貝瑪．林巴（一四五〇—一五二一）。日期不詳。《*Bum thang gter ston padma gling pa'i rnam thar 'od zer kun mdzes nor bu'i phreng ba zhes bya ba skal ldan spro ba skye ba'i tshul du bris pa*》（自傳）。重新刊印於《偉大貝瑪．林巴重新取出之教法》（*Rediscovered Teachings of the Great Padma-gling-pa*），第十四函。廷布（Thimphu）：昆桑．托給，一九七六。

(b) 第十世傑堪布丹增．確嘉（一七〇〇—一七六七）。一七四五。《*Rgyal kun khyab bdag 'gro ba'i bla ma bstan 'dzin rin po che legs pa'i don grub zhabs kyi rnam par thar pa ngo mtshar nor bu'i mchod sdong*》，一二三頁。第二世嘉瑟祖古丹增．雷貝．敦祝（一六四五—一七二六）的傳記。重新刊印於昆桑．托給（Kunsang Topgay）的《貝瑪．林巴傳承的兩位不丹上師傳記》（*Biographies of Two Bhutanese Lamas of the Padma-gling-pa Tradition*），廷布：一九七五。其列出了在嘉瑟．貝瑪．欽列之前的所有轉世。

(c) 第八世貝林．宋都．昆桑．滇貝．尼瑪（一八四三—一八九一）。一八七三。《*Pad gling 'khrungs rabs kyi rtogs brjod nyung gsal dad pa'i me tog*》。重新刊印於昆桑．托給的《偉大貝瑪．林巴重新取出之教法》，第十四函，廷布：一九七六。

(d) 蔣揚．欽哲．旺波（一八二〇—一八九二）。日期不詳。《*Gangs can bod kyi yul du byon pa'i gsang sngags gsar rnying gi gdan rabs mdor bsdus ngo mtshar padmo'i dga' tshal*》。重新刊印於 S.W. Tashigangpa 的

《欽哲談佛法歷史》（*Mkhyen-brtse on the History of the Dhrama*），雷，一九七二。其爲寧瑪各傳承的節錄史，包括拉隆的部份。

(e) 咕汝・札西（即塔剛・克秋・拿旺・洛卓）。一八一三。《*Chos 'byung ngo mtshar gtam gyi rol mtsho*》。北京：中國藏學出版社，一九九〇。內含關於眾多寧瑪傳承的資訊，包括拉隆的圖瑟。

(f) 敦珠法王（一九〇四—一九八七）。一九七五。《*Pad gling 'khrungs rabs rtogs brjod dad pa'i me tog gi kha skong mos pa'i ze'u 'bru*》。重新刊印於昆桑・托給（Kunsang Topgay）的《偉大貝瑪・林巴重新取出之教法》，第十四函，廷布：一九七六。

(g) 桑拿喇嘛（一九三四年生）。一九八三。《*'Brug tu 'od gsal lha'i gdung rabs 'byung tshul brjod pa smyos rabs gsal ba'i me long*》。廷布：瑪尼・多吉。其爲關於貝瑪・林巴及部份親屬家族後裔傳記的研究。

(h) 作者於二〇〇二年五月二十八日在崗頂寺和崗頂祖古仁波切的訪談。

(i) 作者於二〇〇二年五月三十日在札美澤寺和貝林・宋都仁波切的訪談。

【附錄乙】

貝瑪・林巴伏藏全集的列表

貝瑪・林巴伏藏全集《貝林伏藏法》的內容

荷莉・蓋利（Holly Gayley）彙編

第1～2函：Ka/Kha

《寶海上師》

Lama Jewel Ocean

Bla ma nor bu rgya mtsho

取自洛札的藥石獅面崖

第3函：Ga

《忿怒蓮師廣、中、略三法》

Drag po che ’bring chung gsum

Wrathful Guru Cycles; Greater, Middling and Lesser

- 《大紅忿怒蓮師．焰鬘》

  Bla ma drag po dmar chen me lce phreng ba

  The Great Red Wrathful Guru, Necklace of Flames

  取自苯塘，位於身印（庫爾傑）露出地面的金剛岩

● 《調伏眾生忿怒蓮師》

Bla ma drag po 'gro ba kun 'dul

Wrathful Guru, Tamer of Beings

取自下部苯塘獅崖基部的形似寶座之處

● 《忿怒火旋》

Drag po me rlung 'khyil pa

Wrathful Fire Twister

取自塔爾巴林獅崖的東邊

第4函：Nga

《大圓滿・普賢密意總集》（第一函）

Rdzogs chen kun bzang dgongs 'dus

Great Completion, The Union of Samantabhadra's Intentions（Volume One）

取自桑耶附近的青埔佛塔中

第5函：Ca

《界明續秘密精要》（第一函）

Klong gsal gsang ba snying bcud

The Quintessence of the Mysteries of Luminous Space（Volume One）

取自苯塘長鼻崖底部的燃燈湖中

第6函：Cha

《極密精華小子續》（或《幼子續》）

Snying tig yang gsang rgyud bu chung ba

The Small Child Tantra of the Most Secret Innermost Essence

（or The Small Child Tantra）

取自苯塘的日莫阡獅崖

第7函：Ja

《大悲觀音闇盡明燈》（或稱《除闇明燈紅觀音》）

Thugs rje chen po mun sel sgron me

The Great Compassionate One, The Lamp That Illuminates the Darkness

取自日莫阡銅穴的金剛牆

第8函：Nya

《無量壽成就法——延壽金剛鬘》

Tshe khrid rdo rje'i phreng ba

The Diamond Necklace of Longevity Instructions

取自洛札的曼多獅面崖

第9函：Ta

● 《伏魔金剛手》

Phyag rdor dregs pa kun 'dul

Vajrapani Suppressing Fierce Ones

取自洛札雜色崖的一塊裂岩中

- 《甘露藥成就法》

Bdud rtsi sman sgrub

Elixir Medicine Sadhana

取自苯塘的日莫阡

第10函：Tha

《修部八大言教・極密意鏡》

Bka' brgyad yang sang thugs kyi me long

The Most Secret Eight Transmitted Precepcts, Mirror of the Mind

取自苯塘的澤隆・拉康（Tselung Lhakhang）

第11函：Da

● 《護法瑪寧》

Mgon po ma ning

The Protector Maning

取自洛札曼多的天鐵熾燃崖

● 《三黑法》

Nag po skor gsum

Three Black Cycles

取自苯塘的澤隆・拉康後門

◉ 〈黑閻魔敵〉

Gshin rje kha thun nag po

Black Yamantaka

◉ 〈黑亥首母〉

Phra men phag sha nag po

Black Sow-Headed Tramen

◉〈黑外道大自在天〉

Mu stegs gu lang nag po

Black Heretic Maheshvara

●《支分事業法》

Las phran skor

Cycles of Minor Activities

取自苯塘的澤隆・拉康後門

第12函：Na

●《摩尼道用：無量壽成就之精華》

Tshe khrid nor bu lam khyer

Longevity Instruction, Applying Jewels on the Path

取自苯塘露出於庫爾傑地面的金剛岩

- 《鎮伏傲慢凶猛眾：紅馬頭明王》
  Rta mgrin dmar po dregs pa zil gnon
  Red Hayagriva, Overwhelming Fierce Ones
  取自洛札的曼多
- 《黑鐵髮馬頭明王》
  Rta mgrin nag po lcags ral can
  Iron-Hair Black Hayagriva
  取自羊卓的天鐵崖紅岩

第13函：Pa

《貝瑪・林巴文集：如意寶庫》

Bka’ ’bum yid bzhin gter mdzod

Pema Lingpa's Collected Writings, A Wish-Fulfilling Treasure Trove

第14函：Pha

《貝瑪・林巴（及其後世）傳》

Pad gling gi rnam thar

Biographies of Pema Lingpa （and his subsequent incarnations）

第15函：Ba

《大圓滿・普賢密意總集》（第二函）

Rdzogs chen kun bzang dgongs ’dus

Great Completion, The Union of Samantabhadra's Intentions （Volume Two）

第16函：Ma

《極密命刃普巴橛》

Phur ba yang gsang srog gi spu gri

Kila, The Most Secret Vital Blade

取自洛札的曼多獅面崖

第17函：Tsa

《界明極密精華》（第二函）

Klong gsal gsang ba snying bcud

The Quintessence of the Mysteries of Luminous Space （Volume Two）

第18函：Tsha

敦珠仁波切等人所著的儀軌法集

'Don cha'i skor bdud'jom sogs gsung

Liturgical cycles by Dudjom Rinpoche et al.

第19函：Dza

灌頂的儀式陳設

Dbang gyi mtshams skor

Ritual Arrangements for Empowerments

第20函：Wa

《寶海上師附文》

Bla ma nor bu rgya mtsho'i kha skong

Appendix to Lama Jewel Ocean

第21函：Zha

《蓮花遺教・後世錄（注・預言）》

Orgyan padma 'byung gnas kyi 'khrung rabs sangs rgyas bstan pa'i chos byung

The Biography of Padmasambhava, A History of the Buddha's Teachings

【附錄丙】

貝瑪林巴傳承在台灣
智慧輪佛學會簡介

『舊譯寧瑪法統之智慧輪佛學會』成立於 2003 年，爲貝瑪林巴傳承在台灣的中心，多年來以弘揚圓滿清淨之教法爲己任，積極於翻譯舊譯寧瑪派之大圓滿教法，並努力將貝瑪林巴伏藏王之伏藏譯爲中文，每年亦固定邀請學會最高指導上師──崗頂法王來台傳法，令總體之聖教，特別是令大圓滿及貝林傳承教法落實於寶島台灣。

台灣智慧輪佛學會

地址：台北市松江路 221 巷 9 號 5 樓

電話：（02）2517-1512　傳眞：（02）2609-2363

法務聯繫：0931 206 363

Email：yeshekhorlo@gmail.com

http://yeshekhorlo-taiwan.com

交通說明：

捷運：行天宮站 2 號出口 左轉 221 巷

公車：松江路下車：行天宮捷運站 / 民生東路下車：救國團

橡樹林文化 ❖❖ 善知識系列 ❖❖ 書目

JB0001	狂喜之後	傑克・康菲爾德◎著	380元
JB0002	抉擇未來	達賴喇嘛◎著	250元
JB0003	佛性的遊戲	舒亞・達斯喇嘛◎著	300元
JB0004	東方大日	邱陽・創巴仁波切◎著	300元
JB0005	幸福的修煉	達賴喇嘛◎著	230元
JB0006	與生命相約	一行禪師◎著	240元
JB0007	森林中的法語	阿姜查◎著	320元
JB0008	重讀釋迦牟尼	陳兵◎著	320元
JB0009	你可以不生氣	一行禪師◎著	230元
JB0010	禪修地圖	達賴喇嘛◎著	280元
JB0011	你可以不怕死	一行禪師◎著	250元
JB0012	平靜的第一堂課——觀呼吸	德寶法師 ◎著	260元
JB0013	正念的奇蹟	一行禪師◎著	220元
JB0014	觀照的奇蹟	一行禪師◎著	220元
JB0015	阿姜查的禪修世界——戒	阿姜查◎著	220元
JB0016	阿姜查的禪修世界——定	阿姜查◎著	250元
JB0017	阿姜查的禪修世界——慧	阿姜查◎著	230元
JB0018X	遠離四種執著	究給・企千仁波切◎著	280元
JB0019	禪者的初心	鈴木俊隆◎著	220元
JB0020X	心的導引	薩姜・米龐仁波切◎著	240元
JB0021X	佛陀的聖弟子傳 1	向智長老◎著	240元
JB0022	佛陀的聖弟子傳 2	向智長老◎著	200元
JB0023	佛陀的聖弟子傳 3	向智長老◎著	200元
JB0024	佛陀的聖弟子傳 4	向智長老◎著	260元
JB0025	正念的四個練習	喜戒禪師◎著	260元
JB0026	遇見藥師佛	堪千創古仁波切◎著	270元
JB0027	見佛殺佛	一行禪師◎著	220元
JB0028	無常	阿姜查◎著	220元
JB0029	覺悟勇士	邱陽・創巴仁波切◎著	230元
JB0030	正念之道	向智長老◎著	280元
JB0031	師父——與阿姜查共處的歲月	保羅・布里特◎著	260元
JB0032	統御你的世界	薩姜・米龐仁波切◎著	240元

JB0033	親近釋迦牟尼佛	髻智比丘◎著	430 元
JB0034	藏傳佛教的第一堂課	卡盧仁波切◎著	300 元
JB0035	拙火之樂	圖敦・耶喜喇嘛◎著	280 元
JB0036	心與科學的交會	亞瑟・札炯克◎著	330 元
JB0037	你可以，愛	一行禪師◎著	220 元
JB0038	專注力	B・艾倫・華勒士◎著	250 元
JB0039	輪迴的故事	慈誠羅珠堪布◎著	270 元
JB0040	成佛的藍圖	堪千創古仁波切◎著	270 元
JB0041	事情並非總是如此	鈴木俊隆禪師◎著	240 元
JB0042	祈禱的力量	一行禪師◎著	250 元
JB0043	培養慈悲心	圖丹・卻准◎著	320 元
JB0044	當光亮照破黑暗	達賴喇嘛◎著	300 元
JB0045	覺照在當下	優婆夷　紀・那那蓉◎著	300 元
JB0046	大手印暨觀音儀軌修法	卡盧仁波切◎著	340 元
JB0047X	蔣貢康楚閉關手冊	蔣貢康楚羅卓泰耶◎著	260 元
JB0048	開始學習禪修	凱薩琳・麥唐諾◎著	300 元
JB0049	我可以這樣改變人生	堪布慈囊仁波切◎著	250 元
JB0050	不生氣的生活	W. 伐札梅諦◎著	250 元
JB0051	智慧明光：《心經》	堪布慈囊仁波切◎著	250 元
JB0052	一心走路	一行禪師◎著	280 元
JB0054	觀世音菩薩妙明教示	堪布慈囊仁波切◎著	350 元
JB0055	世界心精華寶	貝瑪仁增仁波切◎著	280 元
JB0056	到達心靈的彼岸	堪千・阿貝仁波切◎著	220 元
JB0057	慈心禪	慈濟瓦法師◎著	230 元
JB0058	慈悲與智見	達賴喇嘛◎著	320 元
JB0059	親愛的喇嘛梭巴	喇嘛梭巴仁波切◎著	320 元
JB0060	轉心	蔣康祖古仁波切◎著	260 元
JB0061	遇見上師之後	詹杜固仁波切◎著	320 元
JB0062	白話《菩提道次第廣論》	宗喀巴大師◎著	500 元
JB0063	離死之心	竹慶本樂仁波切◎著	400 元
JB0064	生命真正的力量	一行禪師◎著	280 元
JB0065	夢瑜伽與自然光的修習	南開諾布仁波切◎著	280 元
JB0066	實證佛教導論	呂真觀◎著	500 元
JB0067	最勇敢的女性菩薩——綠度母	堪布慈囊仁波切◎著	350 元
JB0068	建設淨土——《阿彌陀經》禪解	一行禪師◎著	240 元

JB0069	接觸大地─與佛陀的親密對話	一行禪師◎著	220 元
JB0070	安住於清淨自性中	達賴喇嘛◎著	480 元
JB0071/72	菩薩行的祕密【上下冊】	佛子希瓦拉◎著	799 元
JB0073	穿越六道輪迴之旅	德洛達娃多瑪◎著	280 元
JB0074	突破修道上的唯物	邱陽．創巴仁波切◎著	320 元
JB0075	生死的幻覺	白瑪格桑仁波切◎著	380 元
JB0076	如何修觀音	堪布慈囊仁波切◎著	260 元
JB0077	死亡的藝術	波卡仁波切◎著	250 元
JB0078	見之道	根松仁波切◎著	330 元
JB0079	彩虹丹青	祖古．烏金仁波切◎著	340 元
JB0080	我的極樂大願	卓千拉貢仁波切◎著	260 元
JB0081	再捻佛語妙花	祖古．烏金仁波切◎著	250 元
JB0082	進入禪定的第一堂課	德寶法師◎著	300 元
JB0083	藏傳密續的真相	圖敦．耶喜喇嘛◎著	300 元
JB0084	鮮活的覺性	堪千創古仁波切◎著	350 元
JB0085	本智光照	遍智　吉美林巴◎著	380 元
JB0086	普賢王如來祈願文	竹慶本樂仁波切◎著	320 元
JB0087	禪林風雨	果煜法師◎著	360 元
JB0088	不依執修之佛果	敦珠林巴◎著	320 元
JB0089	本智光照─功德寶藏論　密宗分講記	遍智　吉美林巴◎著	340 元
JB0090	三主要道論	堪布慈囊仁波切◎講解	280 元
JB0091	千手千眼觀音齋戒─紐涅的修持法	汪遷仁波切◎著	400 元
JB0092	回到家，我看見真心	一行禪師◎著	220 元
JB0093	愛對了	一行禪師◎著	260 元
JB0094	追求幸福的開始：薩迦法王教你如何修行	尊勝的薩迦法王◎著	300 元
JB0095	次第花開	希阿榮博堪布◎著	350 元
JB0096	楞嚴貫心	果煜法師◎著	380 元
JB0097	心安了，路就開了：讓《佛說四十二章經》成為你人生的指引	釋悟因◎著	320 元
JB0098	修行不入迷宮	札丘傑仁波切◎著	320 元
JB0099	看自己的心，比看電影精彩	圖敦．耶喜喇嘛◎著	280 元
JB0100	自性光明　法界寶庫論	大遍智　龍欽巴尊者◎著	480 元

橡樹林文化眾生系列書目

JP0001	大寶法王傳奇	何謹◎著	200元
JP0002X	當和尚遇到鑽石（增訂版）	麥可・羅區格西◎著	360元
JP0003X	尋找上師	陳念萱◎著	200元
JP0004	祈福 DIY	蔡春娉◎著	250元
JP0006	遇見巴伽活佛	溫普林◎著	280元
JP0009	當吉他手遇見禪	菲利浦・利夫・須藤◎著	220元
JP0010	當牛仔褲遇見佛陀	蘇密・隆敦◎著	250元
JP0011	心念的賽局	約瑟夫・帕蘭特◎著	250元
JP0012	佛陀的女兒	艾美・史密特◎著	220元
JP0013	師父笑呵呵	麻生佳花◎著	220元
JP0014	菜鳥沙彌變高僧	盛宗永興◎著	220元
JP0015	不要綁架自己	雪倫・薩爾茲堡◎著	240元
JP0016	佛法帶著走	佛朗茲・梅蓋弗◎著	220元
JP0018C	西藏心瑜伽	麥可・羅區格西◎著	250元
JP0019	五智喇嘛彌伴傳奇	亞歷珊卓・大衛一尼爾◎著	280元
JP0020	禪　兩刃相交	林谷芳◎著	260元
JP0021	正念瑜伽	法蘭克・裘德・巴奇歐◎著	399元
JP0022	原諒的禪修	傑克・康菲爾德◎著	250元
JP0023	佛經語言初探	竺家寧◎著	280元
JP0024	達賴喇嘛禪思 365	達賴喇嘛◎著	330元
JP0025	佛教一本通	蓋瑞・賈許◎著	499元
JP0026	星際大戰・佛部曲	馬修・波特林◎著	250元
JP0027	全然接受這樣的我	塔拉・布萊克◎著	330元
JP0028	寫給媽媽的佛法書	莎拉・娜塔莉◎著	300元
JP0029	史上最大佛教護法一阿育王傳	德千汪莫◎著	230元
JP0030	我想知道什麼是佛法	圖丹・卻淮◎著	280元
JP0031	優雅的離去	蘇希拉・布萊克曼◎著	240元
JP0032	另一種關係	滿亞法師◎著	250元
JP0033	當禪師變成企業主	馬可・雷瑟◎著	320元
JP0034	智慧 81	偉恩・戴爾博士◎著	380元
JP0035	覺悟之眼看起落人生	金菩提禪師◎著	260元
JP0036	貓咪塔羅算自己	陳念萱◎著	520元

JP0037	聲音的治療力量	詹姆斯·唐傑婁◎著	280 元
JP0038	手術刀與靈魂	艾倫·翰彌頓◎著	320 元
JP0039	作為上師的妻子	黛安娜·J·木克坡◎著	450 元
JP0040	狐狸與白兔道晚安之處	庫特·約斯特勒◎著	280 元
JP0041	從心靈到細胞的療癒	喬思·慧麗·赫克◎著	260 元
JP0042	27% 的獲利奇蹟	蓋瑞·賀許伯格◎著	320 元
JP0043	你用對專注力了嗎？	萊斯·斐米博士◎著	280 元
JP0044	我心是金佛	大行大禪師◎著	280 元
JP0045	當和尚遇到鑽石 2	麥可·羅區格西◎等著	280 元
JP0046	雪域求法記	邢肅芝（洛桑珍珠）◎口述	420 元
JP0047	你的心是否也住著一隻黑狗？	馬修·約翰史東◎著	260 元
JP0048	西藏禪修書	克莉絲蒂·麥娜麗喇嘛◎著	300 元
JP0049	西藏心瑜伽 2	克莉絲蒂·麥娜麗喇嘛◎等著	300 元
JP0050	創作，是心靈療癒的旅程	茱莉亞·卡麥隆◎著	350 元
JP0051	擁抱黑狗	馬修·約翰史東◎著	280 元
JP0052	還在找藉口嗎？	偉恩·戴爾博士◎著	320 元
JP0053	愛情的吸引力法則	艾莉兒·福特◎著	280 元
JP0054	幸福的雪域宅男	原人◎著	350 元
JP0055	貓馬麻	阿義◎著	350 元
JP0056	看不見的人	中沢新一◎著	300 元
JP0057	內觀瑜伽	莎拉·鮑爾斯◎著	380 元
JP0058	29 個禮物	卡蜜·沃克◎著	300 元
JP0059	花仙療癒占卜卡	張元貞◎著	799 元
JP0060	與靈共存	詹姆斯·范普拉◎著	300 元
JP0061	我的巧克力人生	吳佩容◎著	300 元
JP0062	這樣玩，讓孩子更專注、更靈性	蘇珊·凱瑟·葛凌蘭◎著	350 元
JP0063	達賴喇嘛送給父母的幸福教養書	安娜·芭蓓蔻爾·史蒂文·李斯◎著	280 元
JP0064	我還沒準備說再見	布蕾克·諾爾&帕蜜拉·D·布萊爾◎著	380 元
JP0065	記憶人人 hold 得住	喬許·佛爾◎著	360 元
JP0066	菩曼仁波切	林建成◎著	320 元
JP0067	下面那裡怎麼了？	莉莎·瑞金◎著	400 元
JP0068	極密聖境·仰桑貝瑪貴	邱常梵◎著	450 元
JP0069	停心	釋心道◎著	380 元
JP0070	聞盡	釋心道◎著	380 元
JP0071	如果你對現況感到倦怠……	威廉·懷克羅◎著	300 元

JP0072	希望之翼：倖存的奇蹟，以及雨林與我的故事	茱莉安・柯普科◎著	380 元
JP0073	我的人生療癒旅程	鄧嚴◎著	260 元
JP0074	因果，怎麼一回事？	釋見介◎著	240 元
JP0075	皮克斯動畫師之紙上動畫《羅摩衍那》	桑傑・帕特爾◎著	720 元
JP0076	寫，就對了！	茱莉亞・卡麥隆◎著	380 元
JP0077	願力的財富	釋心道◎著	380 元
JP0078	當佛陀走進酒吧	羅卓・林茲勒◎著	350 元
JP0079	人聲，奇蹟的治癒力	伊凡・德・布奧恩◎著	380 元
JP0080	當和尚遇到鑽石 3	麥可・羅區格西◎著	400 元
JP0081	AKASH 阿喀許靜心 100	AKASH 阿喀許◎著	400 元
JP0082	世上是不是有神仙：生命與疾病的真相	樊馨蔓◎著	300 元
JP0083	生命不僅僅如此—辟穀記（上）	樊馨蔓◎著	320 元
JP0084	生命可以如此—辟穀記（下）	樊馨蔓◎著	420 元
JP0085	讓情緒自由	茱迪斯・歐洛芙◎著	420 元
JP0086	別癌無恙	李九如◎著	360 元
JP0087	什麼樣的業力輪迴，造就現在的你	芭芭拉・馬丁＆狄米崔・莫瑞提斯◎著	420 元
JP0088	我也有聰明數學腦：15 堂課激發被隱藏的競爭力	盧采嫻◎著	280 元
JP0089	與動物朋友心傳心	羅西娜・瑪利亞・阿爾克蒂◎著	320 元
JP0090	法國清新舒壓著色畫 50：繽紛花園	伊莎貝爾・熱志－梅納＆紀絲蘭・史朵哈＆克萊兒・摩荷爾－法帝歐◎著	350 元
JP0091	法國清新舒壓著色畫 50：療癒曼陀羅	伊莎貝爾・熱志－梅納＆紀絲蘭・史朵哈＆克萊兒・摩荷爾－法帝歐◎著	350 元
JP0092	風是我的母親	熊心、茉莉・拉肯◎著	350 元
JP0093	法國清新舒壓著色畫 50：幸福懷舊	伊莎貝爾・熱志－梅納＆紀絲蘭・史朵哈＆克萊兒・摩荷爾－法帝歐◎著	350 元
JP0094	走過倉央嘉措的傳奇：尋訪六世達賴喇嘛的童年和晚年，解開情詩活佛的生死之謎	邱常梵◎著	450 元
JP0095	【當和尚遇到鑽石 4】愛的業力法則：西藏的古老智慧，讓愛情心想事成	麥可・羅區格西◎著	450 元
JP0096	媽媽的公主病：活在母親陰影中的女兒，如何走出自我？	凱莉爾・麥克布萊德博士◎著	380 元
JP0097	法國清新舒壓著色畫 50：璀璨伊斯蘭	伊莎貝爾・熱志－梅納＆紀絲蘭・史朵哈＆克萊兒・摩荷爾－法帝歐◎著	350 元

橡樹林文化成就者傳記系列書目

JS0001	惹瓊巴傳	堪千創古仁波切◎著	260 元
JS0002	曼達拉娃佛母傳	喇嘛卻南、桑傑・康卓◎英譯	350 元
JS0003	伊喜・措嘉佛母傳	嘉華・蔣秋、南開・寧波◎伏藏書錄	400 元
JS0004	無畏金剛智光：怙主敦珠仁波切的生平與傳奇	堪布才旺・董嘉仁波切◎著	400 元
JS0005	珍稀寶庫——薩迦總巴創派宗師貢嘎南嘉傳	嘉敦・強秋旺嘉◎著	350 元
JS0006	帝洛巴傳	堪千創古仁波切◎著	260 元
JS0007	南懷瑾的最後 100 天	王國平◎著	380 元
JS0008	偉大的不丹傳奇・五大伏藏王之一 貝瑪林巴之生平與伏藏教法	貝瑪林巴◎取藏	450 元

橡樹林文化蓮師文集系列書目

JA0001	空行法教	伊喜・措嘉佛母輯錄付藏	260 元
JA0002	蓮師傳	伊喜・措嘉記錄撰寫	380 元
JA0003	蓮師心要建言	艾瑞克・貝瑪・昆桑◎藏譯英	350 元
JA0004	白蓮花	蔣貢米龐仁波切◎著	260 元
JA0005	松嶺寶藏	蓮花生大士◎著	330 元
JA0006	自然解脫	蓮花生大士◎著	400 元

橡樹林文化 ❖❖ 圖解佛學系列 ❖❖ 書目

JL0001	圖解西藏生死書	張宏實◎著	420 元
JL0002	圖解佛教八識	洪朝吉◎著	260 元

成就者傳記系列　JS0008
偉大的不丹傳奇・五大伏藏王之一　貝瑪林巴之生平與伏藏教法

作　　者／蓮花生大士
取　　藏／貝瑪林巴
英　　譯／莎拉・哈定
中　　譯／普賢法譯小組・審訂：程勝義
責任編輯／李玲
業　　務／顏宏紋

總 編 輯／張嘉芳
出　　版／橡樹林文化
城邦文化事業股份有限公司
104 台北市民生東路二段 141 號 5 樓
電話：(02)2500-7696　傳眞：(02)2500-1951
發　　行／英屬蓋曼群島商家庭傳媒股份有限公司城邦分公司
104 台北市中山區民生東路二段 141 號 2 樓
客服服務專線：(02)25007718；25001991
24 小時傳眞專線：(02)25001990；25001991
服務時間：週一至週五上午 09:30 ～ 12:00；下午 13:30 ～ 17:00
劃撥帳號：19863813　戶名：書虫股份有限公司
讀者服務信箱：service@readingclub.com.tw
香港發行所／城邦（香港）出版集團有限公司
香港灣仔駱克道 193 號東超商業中心 1 樓
電話：(852)25086231　傳眞：(852)25789337
Email：hkcite@biznetvigator.com
馬新發行所／城邦（馬新）出版集團【Cité (M) Sdn.Bhd. (458372 U)】
41, Jalan Radin Anum, Bandar Baru Sri Petaling,
57000 Kuala Lumpur, Malaysia.
電話：(603) 90578822　傳眞：(603) 90576622
Email：cite@cite.com.my

版面構成／歐陽碧智
封面設計／周家瑤
印　　刷／韋懋實業有限公司

初版一刷／ 2015 年 3 月
初版二刷／ 2018 年 12 月
ISBN ／ 978-986-6409-96-7
定價／ 450 元
城邦讀書花園
www.cite.com.tw

國家圖書館出版品預行編目資料

偉大的不丹傳奇・五大伏藏主之一：貝瑪林巴之生平與伏藏教法 / 貝瑪林巴作；莎拉・哈定（Sarah Harding）英譯；普賢法譯小組中譯．-- 初版．-- 臺北市：橡樹林文化，城邦文化出版：家庭傳媒城邦分公司發行，2015.03
面；　公分．--（成就者傳記系列；JS0008）
譯自：The life and revelations of Pema Lingpa
ISBN 978-986-6409-96-7（平裝）

1. 藏傳佛教　2. 佛教修持

226.96615　　104002916

廣 告 回 函
北區郵政管理局登記證
北 台 字 第 10158 號

郵資已付　免貼郵票

104 台北市中山區民生東路二段 141 號 5 樓

城邦文化事業股份有限公司

橡樹林出版事業部　收

請沿虛線剪下對折裝訂寄回，謝謝！

|橡|樹|林|

書名：偉大的不丹傳奇・五大伏藏王之一　貝瑪林巴之生平與伏藏教法

書號：JS0008

橡樹林文化

讀者回函卡

感謝您對橡樹林出版社之支持，請將您的建議提供給我們參考與改進；請別忘了給我們一些鼓勵，我們會更加努力，出版好書與您結緣。

姓名：＿＿＿＿＿＿＿＿＿＿ □女 □男 生日：西元＿＿＿＿＿年

Email：＿＿＿＿＿＿＿＿＿＿＿＿＿＿＿＿＿＿＿＿＿＿

●您從何處知道此書？

□書店 □書訊 □書評 □報紙 □廣播 □網路 □廣告 DM □親友介紹

□橡樹林電子報 □其他＿＿＿＿＿＿＿＿

●您以何種方式購買本書？

□誠品書店 □誠品網路書店 □金石堂書店 □金石堂網路書店

□博客來網路書店 □其他＿＿＿＿＿＿＿＿

●您希望我們未來出版哪一種主題的書？（可複選）

□佛法生活應用 □教理 □實修法門介紹 □大師開示 □大師傳紀

□佛教圖解百科 □其他＿＿＿＿＿＿＿＿

●您對本書的建議：

＿＿＿＿＿＿＿＿＿＿＿＿＿＿＿＿＿＿＿＿＿＿＿＿＿＿＿＿

＿＿＿＿＿＿＿＿＿＿＿＿＿＿＿＿＿＿＿＿＿＿＿＿＿＿＿＿

＿＿＿＿＿＿＿＿＿＿＿＿＿＿＿＿＿＿＿＿＿＿＿＿＿＿＿＿

＿＿＿＿＿＿＿＿＿＿＿＿＿＿＿＿＿＿＿＿＿＿＿＿＿＿＿＿

＿＿＿＿＿＿＿＿＿＿＿＿＿＿＿＿＿＿＿＿＿＿＿＿＿＿＿＿

非常感謝您提供基本資料，基於行銷及客戶管理或其他合於營業登記項目或章程所定業務需要之目的，家庭傳媒集團（即英屬蓋曼群商家庭傳媒股份有限公司城邦分公司、城邦文化事業股份有限公司、書虫股份有限公司、墨刻出版股份有限公司、城邦原創股份有限公司）於本集團之營運期間及地區內，將不定期以MAIL訊息發送方式，利用您的個人資料於提供讀者產品相關之消費與活動訊息，如您有依照個資法第三條或其他需服務之務，得致電本公司客服。

我已經完全瞭解左述內容，並同意本人資料依上述範圍內使用。

＿＿＿＿＿＿＿＿＿＿＿＿＿＿（簽名）

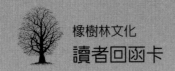

處理佛書的方式

佛書內含佛陀的法教，能令我們免於投生惡道，並且爲我們指出解脫之道。因此，我們應當對佛書恭敬，不將它放置於地上、座位或是走道上，也不應跨過。搬運佛書時，要妥善地包好、保護好。放置佛書時，應放在乾淨的高處，與其他一般的物品區分開來。

若是需要處理掉不用的佛書，就必須小心謹愼地將它們燒掉，而不是丟棄在垃圾堆當中。焚燒佛書前，最好先唸一段祈願文或是咒語，例如唵（OM）、啊（AH）、吽（HUNG），然後觀想被焚燒的佛書中的文字融入「啊」字，接著「啊」字融入你自身，之後才開始焚燒。

這些處理方式也同樣適用於佛教藝術品，以及其他宗教教法的文字記錄與藝術品。

ཡི་གེ་ཉི་ཤུ་རྩ་དྲུག་པ་འདི་དཔེ་ཆའི་ནང་དུ་བཞག་ན་དཔེ་ཆ་དེ་ཅི་འདྲར

བགོམས་ཀྱང་ཉེས་པ་མི་འབྱུང་བར་འཇམ་དཔལ་རྩ་རྒྱུད་ལས་གསུངས་སོ། །

此咒置經書中　可滅誤跨之罪